신문이 보이고 뉴스가 들리는 ②

재미있는
독도와 역사 분쟁 이야기

신문이 보이고 뉴스가 들리는 ❷
재미있는 **독도와 역사 분쟁 이야기**

개정판 1쇄 발행 | 2014년 2월 28일
개정판 9쇄 발행 | 2021년 4월 15일

지   은   이 | 양대승 신재일
그   린   이 | 조정근 이창섭
감   수 | 김용신 김봉석

펴 낸 곳 | (주)가나문화콘텐츠
펴 낸 이 | 김남전
편 집 장 | 유다형
편   집 | 이보라
외 주 편 집 | 아우라
디 자 인 | 정란
외주 디자인 | 디자인아이
마 케 팅 | 정상원 한웅 정용민 김건우
관   리 | 임종열 김하은

출 판 등 록 | 2002년 2월 15일 제10-2308호
주   소 | 경기도 고양시 덕양구 호원길 3-2
전   화 | 02-717-5494(편집부) 02-332-7755(관리부)
팩   스 | 02-324-9944
홈 페 이 지 | ganapub.com
이 메 일 | ganapub@naver.com

ISBN 978-89-5736-646-2 (74900)

*이 책은 《신문이 보이고 뉴스가 들리는 재미있는 역사 이야기》를 전면 개정한 책입니다.

*책값은 뒤표지에 표시되어 있습니다.
*이 책의 내용을 재사용하려면 반드시 저작권자와 (주)가나문화콘텐츠 양측의 동의를 얻어야 합니다.
*잘못된 책은 구입하신 서점에서 바꾸어 드립니다.

*'가나출판사'는 (주)가나문화콘텐츠의 출판 브랜드입니다.

이 도서의 국립중앙도서관 출판시도서목록(CIP)은 서지정보유통지원시스템 홈페이지(http://seoji.nl.go.kr)와 국가자료공동목록시스템(http://www.nl.go.kr/kolisnet)에서 이용하실 수 있습니다.(CIP제어번호: CIP2013026289)

- 제조자명 : (주)가나문화콘텐츠
- 주소 및 전화번호 : 경기도 고양시 덕양구 호원길 3-2 / 02-717-5494
- 인쇄일 : 2021년 4월 8일
- 제조국명 : 대한민국
- 사용연령 : 4세 이상 어린이 제품

신문이 보이고 뉴스가 들리는 ②

재미있는
독도와 역사 분쟁 이야기

글 양대승·신재일 | 그림 조정근·이창섭
감수 김용신(서울교육대학교 사회과교육과 교수)·김봉석

가나출판사

| 머리말 |

우리나라와 역사를 아는 것은
　　　더 큰 나를 만나는 일

　아주 어렸을 때는 '나'만 알았어요. 다른 사람이야 어떻든 나만 좋으면 그만이었지요. 조금 커서는 가족들이 소중하다는 것을 알았어요. 가족들이 즐거워하면 나도 덩달아 즐거워졌어요. 더 커서는 친구들도 중요해졌어요. 친구가 슬퍼하면 나도 따라서 슬퍼졌지요.

　커갈수록 '나'처럼 소중하게 여겨지는 사람들이 많아졌어요. 우리 가족, 우리 친구들, 우리 마을……. 나만 아는 것이 아니라 우리를 생각하게 된 것이지요. 커간다는 것은 이처럼 '나'보다는 '우리'를 생각하고 '나'가 더 큰 '우리'가 되는 것일 거예요.

　일본은 독도를 자기네 땅이라고 억지를 부리고 있어요. 중국은 우리 역사를 자기네 역사라고 우기고 있지요. 일본은 과거에 큰 잘못을 해 놓고도 반성도 하지 않고 있어요. 북한은 무시무시한 핵무기를 개발하고 있대요. 신문이나 뉴스를 보면 이런 이야기를 자주 들을 수 있어요. 이런 이야기들이 나와 무슨 상관인가? 하는 생각이 들 수도 있어요. 하지만 이런 문제들도 알게 모르게 내 생활에 영향을 미치고 있어요.

　내가 커가면서 우리가 되었던 것처럼 우리 가족이 더 커지면 우리나라가 돼요. 우리나라와 역사를 아는 것은 더 큰 '나'를 만나는 일이에요.

　이 책을 읽고 우리 땅과 우리 역사와 사람들의 모습에 더 많은 관심을 가졌으면 좋겠어요. 많은 관심을 가질수록 훌쩍 클 수 있을 거예요.

양대승

우리는 어떤 세상에서 살아가고 있을까요?

'지구촌'이라는 말이 어색하지 않을 만큼, 우리는 '하나의 세계'에서 함께 살고 있어요. 우리 모두 별다른 문제없이 서로 오순도순 살아가면 좋으련만, 세상은 어찌 보면 문제투성이예요. 이런 저런 이유로 서로 다투고 갈등하고, 때로 폭력이 불쑥불쑥 튀어나오곤 해요.

이 세상에는 어떤 문제가 있는 걸까요? 이 책에서는 국제 분쟁과 세계화와 관련된 문제를 짚어 보았어요.

먼저, 여러 지역에서 발생했거나 아직도 끝나지 않은 국제 분쟁의 원인을 정리해 보았어요. 사실 싸움의 원인이 간단하다면 해결책 또한 쉽게 찾을 수 있을지도 몰라요. 하지만 이해 당사자들마다 입장이 다르기 때문에 한마디로 정리하기는 쉽지 않아요.

어떻게 하면 국제 분쟁 없는 평화로운 세상을 만들 수 있는지 생각해 볼 수 있는 계기가 되었으면 좋겠어요.

세계화라는 말만큼 우리가 흔하게 듣는 말도 없을 거예요. 그런데 세계화라는 말 속에는 여러 의미가 담겨 있어요. 또한 세계화를 바라보는 사람들의 생각도 다양하고요. 이 책에서는 주로 경제 세계화에 대해 살펴보았어요. 세계화 시대를 살아가는 우리의 자세에 대해 생각해 볼 수 있는 계기가 되었으면 좋겠어요.

신재일

| 차례 |

머리말 · 4

1장 독도

독도는 우리 땅이에요 · 10

독도는 우리나라 동쪽 끝에 있어요 · 12
아름다운 우리 땅, 독도 · 14
일본 사람들은 독도가 일본 땅이래요 · 16
일본이 독도를 자기네 땅이라고 주장하는 근거는 뭔가요? · 18
일본의 주장은 무엇이 잘못되었나요? · 20
독도는 얼마나 가치가 있는 곳인가요? · 22
독도는 언제부터 우리 땅이었어요? · 24
지리적, 국제법적으로도 독도는 우리 땅이에요 · 26
독도를 지키려고 노력한 사람들 · 28
독도가 우리 땅이라는 것을 널리 알려야 해요 · 30

지식 플러스 | 독도가 표시된 고지도 · 32

2장 동북 공정

소중한 우리 역사를 지켜요 · 34

동북 공정이 뭐예요? · 36
중국은 왜 고구려를 자기네 역사라고 해요? · 38
동북아시아를 호령하던 고구려 · 40
중국은 부여와 발해도 자기네 역사라고 우겨요 · 42
부여, 고구려, 발해의 역사를 지켜야 해요 · 44
고구려 문화유산을 지켜야 해요 · 46

지식 플러스 | 자랑스러운 고구려 고분 벽화 · 48

3장 역사 왜곡

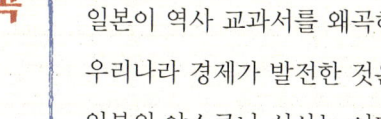

일본의 역사 왜곡을 막아요 · 50

일본이 역사 교과서를 왜곡하고 있어요 · 52
우리나라 경제가 발전한 것은 일본 때문이 아니에요 · 54
일본의 야스쿠니 신사는 어떤 곳이에요? · 56
일본은 왜 명성 황후를 죽였어요? · 58
우리나라는 어떻게 일본에 나라를 빼앗겼어요? · 60
원자 폭탄의 가장 큰 피해 국가는 일본이라면서요? · 62
왜 일본의 군대는 자위대인가요? · 64
일본군 위안부가 뭐예요? · 66
일본군 위안부 문제는 아직도 해결되지 않았어요 · 68

지식 플러스 | 일본 관리의 역사 왜곡 발언 · 70

4장 남북통일

남한과 북한은 하나예요 · 72

우리나라는 남과 북으로 갈라진 분단국가예요 · 74
독일도 분단국가였다면서요? · 76
우리나라는 왜 남과 북으로 갈라졌어요? · 78
6·25 전쟁은 왜 일어났어요? · 80
언제부터 미군이 우리나라에 있었어요? · 82

서해안 북방 한계선에서는 왜 전투가 자주 일어나나요? · 84
북한은 어떤 곳이에요? · 86
북한은 정말 핵무기를 가지고 있어요? · 88
북한 사람들이 굶주리고 있어요 · 90
남북통일을 왜 해야 해요? · 92
통일을 위해 남북 정부는 어떤 노력을 했어요? · 94
지식 플러스 | 남한과 북한 사이에 있었던 주요 사건 · 96

5장
국제 분쟁 I

중동과 아시아 곳곳에서 싸움이 끊이지 않아요 · 98

국제 분쟁과 테러 · 100
팔레스타인과 이스라엘은 왜 끊임없이 싸워요? · 102
9·11 테러는 왜 일어났어요? · 106
미국은 아프가니스탄을 왜 공격했어요? · 110
미국과 이라크는 왜 싸웠어요? · 112
아이에스(IS)가 나라인가요? · 116
인도와 파키스탄은 왜 싸우는 거예요? · 120
티베트 승려들은 왜 분신했어요? · 122
동티모르에 평화 유지군이 왜 파견됐나요? · 124
지식 플러스 | 중동과 아시아의 분쟁 지역 · 126

6장
국제 분쟁 II

유럽과 아프리카에서도 싸움이 일어나요 · 128

발칸 반도에서는 왜 싸움이 끊이지 않았나요? · 130

코소보 내전은 왜 일어났나요? · 134
북아일랜드는 왜 영국에 속하나요? · 138
소말리아에서는 왜 내전이 끊이지 않아요? · 142
르완다에서는 왜 끔찍한 대학살이 일어났어요? · 146
평화로운 세계를 만들기 위해 노력해요 · 150
지식 플러스 | 유럽과 아프리카의 분쟁 지역 · 152
지식 플러스 | 세계 평화를 위해 노력하는 국제기구 · 154

**7장
세계화**

우리는 세계화 시대에 살고 있어요 · 156

월스트리트 시위는 왜 일어났어요? · 158
세계화가 뭐예요? · 160
옛날에는 세계화가 없었어요? · 162
자유 무역과 세계화 · 164
지역 경제 협력체를 왜 맺을까요? · 168
세계 금융 위기가 뭐예요? · 170
국제 통화 기금의 구제 금융이 뭐예요? · 172
세계화의 빛과 그림자 · 174
세계화는 우리 곁에 있어요 · 178
지식 플러스 | 세계의 주요 지역 경제 협력체 · 180

사진 출처 · 182
찾아보기 · 183

1. 독도

독도는 우리 땅이에요

독도는 우리나라 동쪽 끝에 있는 작은 섬이에요. 그런데 일본이 독도를 자기네 땅이라고 우기고 있어요. 독도는 신라 때부터 우리 땅이었고, 지금도 우리가 지키고 있는 우리 땅이에요. 옛날에는 일본도 독도를 자기네 땅이라고 생각하지 않았어요. 그렇지만 군사적, 경제적 이득을 위해서 우기고 있는 거지요. 독도는 단순한 섬이 아니에요. 바로 우리의 독립과 주권의 상징이지요. 우리 모두 독도가 왜 우리 땅인지 잘 알고, 독도를 지키기 위해 노력해야 해요.

독도는 우리나라 동쪽 끝에 있어요

　독도는 우리나라 동해에 있는 섬이에요. 육지에서 독도와 가장 가까운 곳은 경상북도 울진군에 있는 죽변항으로, 독도와의 거리는 216.8km예요. 동해시에서는 243.8km, 포항시에는 258.3km 정도 떨어져 있지요. 울릉도에서는 87.4km 정도 떨어져 있어요. 울릉도와 독도는 매우 가까워서 맑은 날에는 울릉도에서 독도가 보이지요.

　독도는 하나의 섬이 아니라 2개의 큰 섬과 주변의 89개의 작은 바위섬으로 이루어져 있어요. 2개의 큰 섬 중 동쪽에 있는 동도에는 독도를 지키는 독도 경비대의 막사와 등대가 있어요. 서쪽에 있는 서도에는 독도 주민들과 공무원이 살고 있는 숙소가 있어요. 동도와 서도 주변에 있는 작은 바위섬들은 탕건봉, 얼굴바위, 삼형제굴바위, 한반도바위, 촛대바위 등 생김새에 따라 재미있는 이름이 붙여져 있어요.

　독도는 전체 넓이가 18만 7554㎡에 이르는데, 동도 7만 3297㎡, 서도 8만 8740㎡, 나머지 바위섬들이 2만 5517㎡예요.

　독도는 작은 섬이지만 우리나라에 특별한 의미가 있는 섬이에요. 바로 독도가 우리나라의 가장 동쪽 끝에 있는 우리 땅이기 때문이지요.

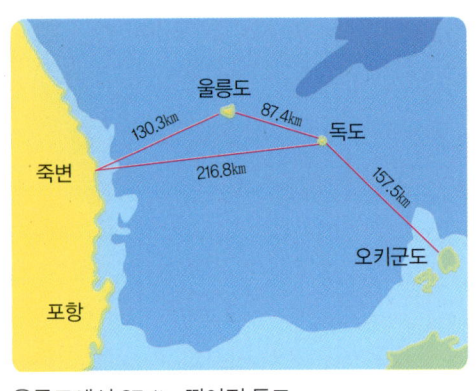

울릉도에서 87.4km 떨어진 독도

독도는 가장 동쪽에 있는 우리 땅이야.

와! 정말 꼭 가 보고 싶다.

서도 / 동도

 독도에도 주소가 있어요

독도의 주소는 '경상북도 울릉군 울릉읍 독도리 산 1~96번지'예요. 그런데 2011년부터 정부가 새롭게 만든 도로명 주소를 쓰면서 '경상북도 울릉군 울릉읍 독도 이사부길'과 '경상북도 울릉군 울릉읍 독도 안용복길'로 바뀌었어요. 예를 들어 동도에 있는 독도 경비대 막사는 '경상북도 울릉군 울릉읍 독도 이사부길 55번', 서도에 있는 주민 숙소는 '경상북도 울릉군 울릉읍 독도 안용복길 3번'이에요.

아름다운 우리 땅, 독도

독도는 바닷속 깊은 곳에서 화산이 폭발할 때 나온 용암이 굳어져 만들어진 섬이에요. 원래는 하나의 섬이었지만 오랜 세월 동안 파도와 바람에 바위가 깎이면서 오늘과 같이 2개의 큰 섬과 89개의 작은 바위섬으로 나누어졌어요.

탕건봉

서도

독도의 식물

독도에는 갯메꽃, 박주가리, 해국, 질경이, 섬괴불나무, 붉은가시딸기, 동백 등 50~60종의 식물이 자라요.

갯메꽃

박주가리

해국

독도의 새

괭이갈매기, 슴새, 딱새, 매, 황조롱이, 물수리, 노랑지빠귀, 흰갈매기, 흑비둘기 등 30여 종의 새가 관찰되었어요.

 괭이갈매기

 슴새

 딱새

 삼형제굴바위

 촛대바위

 한반도바위

 얼굴바위

동도

일본 사람들은 독도가 일본 땅이래요

2005년 일본의 시마네 현 지방 의회에서는 다케시마를 하루 빨리 되찾아야 한다며 '다케시마의 날'을 정했어요. 일본이 말하는 다케시마는 다름 아니라 우리 땅 독도예요. 일본은 1905년부터 계속해서 독도가 자기네 땅이라고 우겼어요. 그런데 시마네 현에서 '다케시마의 날'을 만들면서부터 독도는 일본 땅이라는 주장이 빠르게 일본 전체로 퍼져 나갔어요.

일본 정부도 그 전과는 비교할 수 없을 정도로 적극적으로 나섰어요. 2008년, 일본 정부는 중학교 사회 수업 시간에 독도가 일본 땅이라는 것을 학생들에게 가르쳐야 한다는 학습지도요령 해설서를 펴냈어요. 학습지도요령 해설서는 교과서를 만드는 데 기준이 되는 지침서 같은 것이에요. 그 뒤 만들어진 초등학교, 중학교, 고등학교 교과서에는 독도를 일본 땅이라고 적고 있어요. 일본 학생들은 독도가 일본 땅이라고 배우고 있는 것이지요.

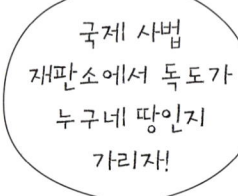

2010년에는 우리나라 국방부와 같은 일을 하는 일본 방위성에서 '방위백서'를 발표했는데, 거기에도 독도는 일본의 고유 영토라고 적었어요. 이뿐만 아니라 일본은 독도가 한국 땅인지 일본 땅인지 가리기 위해서 국제 사법 재판소에서 재판을 하자고 1954년부터 요구하고 있어요. 이것은 독도가 분쟁 지역인 것처럼 세계에 알리려는 일본의 술수예요.

나라 사이의 분쟁을 해결하는 국제 사법 재판소

국제 사법 재판소는 국제 연합의 사법 기관이에요. 나라와 나라 사이에 문제가 생기면 이를 해결하기 위해 재판을 하는 기관이지요. 국제 사법 재판소에서는 조약의 해석, 의무 위반의 사실 여부, 배상 따위의 국제적 분쟁을 해결해요. 본부는 네덜란드 헤이그에 있고, 15명의 재판관이 국제법을 따져서 판결을 내려요.

일본이 독도를 자기네 땅이라고 주장하는 근거는 뭔가요?

일본이 독도를 자기네 땅이라고 우기는 근거는 크게 세 가지예요.

첫 번째 일본이 1600년대부터 독도를 이용했기 때문에 그때부터 일본 땅이라는 주장이에요. 일본은 "옛날에 한국은 독도가 있다는 것도 알지 못했다. 하지만 일본은 1600년대부터 울릉도 근처에서 고기잡이를 했다. 독도는 일본에서 울릉도를 가는 길목에 있는 섬이므로 자연스럽게 그곳에 머무르면서 고기잡이하는 곳으로 이용했다. 따라서 독도는 일본이 먼저 발견했고, 실질적으로 일본이 먼저 이용한 일본 땅이다."라고 주장하고 있어요.

두 번째는 1905년 일본 시마네 현의 발표를 들고 있어요. 일본은 독도가 주인이 없는 땅이었고, 주인 없는 땅은 먼저 차지한 나라가 소유하는 것이라며 독도를 슬쩍 빼앗아 갔어요. 1905년은 일본이 우리나라의 외교권을 빼앗은 해예요. 일본은 독도를 '다케시마'라고 부르면서 시마네 현의 땅으로 삼았지요. 시마네 현에서 2005년에 다케시마의 날을 만든 것도 이 때문이에요.

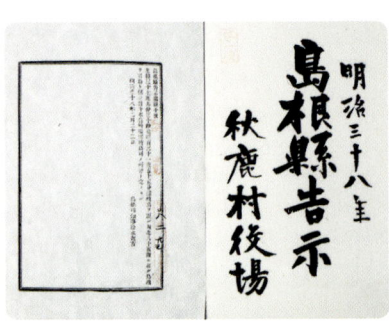

1905년 일본 시마네 현 고시

세 번째는 광복 후에 일본이 미국, 영국, 중국 등과 맺은 조약 내용이에요. 제2차 세계 대전에서 패한 일본은 1951년에 미국, 영국, 중국 등과 《샌프란시스코 강화 조약》을 맺었어요. 이 조약에는 일본이 강제로 빼앗은 우리나라 땅을 돌려준다고 되어 있어요. 그런데 조약에는 독도를 돌려준다는 문구가 없어요. 일본은 이 조약을 근거로 1910년 이후에 빼앗은 땅만 되돌려 주면 되고, 독도는 그 이전부터 자기네 땅이었기 때문에 되돌려 주지 않아도 된다고 주장하고 있어요.

일본의 주장은 무엇이 잘못되었나요?

독도를 자기네 땅이라고 우기는 일본의 주장이 왜 틀렸는지 알아보아요. 첫째, 일본이 독도를 먼저 발견하고 이용했다는 주장은 틀렸어요. 1454년에 편찬된 《세종실록 지리지》에는 독도가 우리 땅이라고 쓰여 있어요. 1530년에 만들어진 《신증동국여지승람》에 실린 『팔도총도』라는 우리나라의 지도에는 독도가 표시되어 있어요. 이것은 우리 조상들이 독도를 우리 땅이라고 생각했다는 것을 보여 주어요. 사실 일본도 독도가 우리 땅이라는 것을 아주 오래전부터 알고 있었어요. 1592년에 일본에서 만들어진 『조선국지리도 – 팔도총도』에도 독도가 조선 땅이라고 표시되어 있어요.

둘째, 독도가 주인 없는 땅이라는 시마네 현 발표도 억지예요. 일본이 독도를 자기네 땅이라고 발표하기 5년 전인 1900년에 우리나라 정부는 '칙령 제41호'를 발표했어요. 이 법령에는 독도가 울릉도에 속한 우리 땅이라고 분명하게 쓰여 있어요.

셋째, 《샌프란시스코 강화 조약》에 따라 독도를 돌려주지 않아도 된다는 주장도 말이 되지 않아요. 《샌프란시스코 강화 조약》에는 '일본은 한국의 독립을 인정하고, 제주도, 거문도, 울릉도를 포함한 한국에 대한 모든 권리를 포기한다.'라는 조항이 있어요. 수천 개의 섬을 일일이 다 적을 수 없기 때문에 큰 섬들만 적은 것이지요. 독도가 일본 땅이라 빼놓은 것이 아니에요. 결국 일본의 주장은 모두 근거가 잘못된 억지일 뿐이에요.

"임진왜란 때 도요토미 히데요시가 만든 지도에도 분명히 독도는 우리 땅이라고 되어 있어요."

"제2차 세계 대전 이후에 그려진 연합국 최고 사령부 관할 지도에도 독도는 우리 땅이라고 되어 있어요."

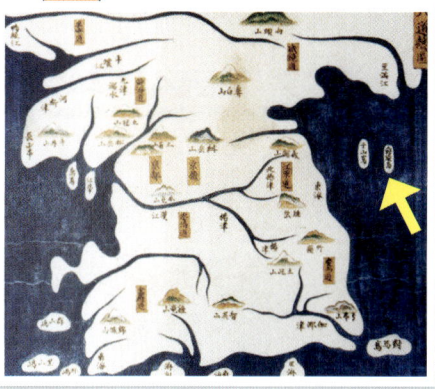

일본이 제작한 『조선국지리도-팔도총도』(1592년)

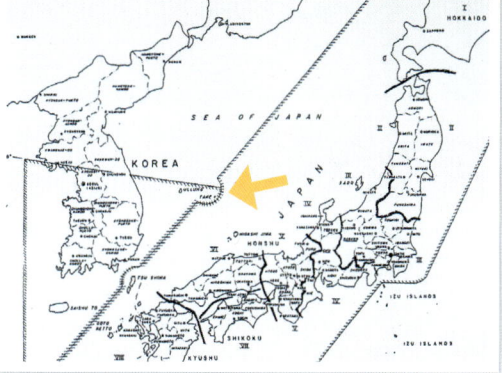

『연합국 최고 사령부 관할 지도』(1946년)

일본은 독도가 일본 땅이 아니라고 인정했어요

역사 이슈
척척박사

1905년 일본이 독도를 강제로 빼앗기 전까지 독도가 일본 영토라고 기록한 일본의 공식 문서는 없어요. 오히려 독도가 일본 영토가 아니라고 분명히 기록하고 있어요.

대표적으로는 1877년 일본의 최고 행정 기관인 태정관에서 정부 부처에 지시를 내린 문서가 있어요. 이 지시문에는 '죽도(울릉도)와 일도(독도)는 일본과 관계가 없음을 기억할 것'이라고 쓰여 있어요.

1877년 태정관 지시문

독도는 우리 땅이에요 21

독도는 얼마나 가치가 있는 곳인가요?

바위로 이루어진 작은 섬인 독도는 얼핏 보면 쓸모없는 땅 같아요. 하지만 독도는 아주 중요한 가치를 가지고 있어요.

일본이 독도의 중요성을 깨달은 것은 1904년에 러시아와 싸울 때였어요. 동해 가운데 있는 독도에서는 동해를 지나가는 군함들의 움직임을 살펴볼 수 있었지요. 그래서 일본은 1905년에 독도를 아예 일본 시마네 현의 땅으로 만들어 버린 것이지요. 지금도 독도는 러시아, 일본, 북한의 해군과 공군의 이동 상황을 파악하는 중요한 역할을 하고 있어요.

그런데 독도의 군사적 가치보다 중요한 것은 독도의 국토적인 가치예요. 한 나라의 국토는 땅인 영토뿐만 아니라 바다인 영해, 하늘인 영공까지 포함돼요. 따라서 독도를 일본에게 빼앗기면 독도라는 작은 섬만 빼앗기는 것이 아니라 독도 근처의 넓은 바다와 하늘까지 빼앗기게 되는 것이지요.

또한 독도는 경제적으로도 가치가 큰 섬이에요. 독도 주변 바다는 많은 물고기가 잡히는 황금 어장이에요. 그리고 독도 주변 바닷속에는 천연가스를 포함해서 많은 자원이 묻혀 있어요. 게다가 1994년부터는 국제적으로 '배타적 경제 수역'이 적용됐어요. '배타적 경제 수역'이란 자기 나라 땅으로부터 200해리(약 370.4km)까지의 바다에 있는 모든 자원을 채취하고 개발할 수 있는 권리를 말해요. 만약 독도가 일본 땅이 되면 독도 근처의 모든 자원은 일본 것이 되는 것이지요. 독도가 우리 땅으로 국제적으로 인정받으면 일본은 더 이상 독도 근처에서 물고기를 잡거나 자원을 캘 수 없게 되지요.

한국과 일본의 배타적 경제 수역

 천연기념물, 독도

우리 정부는 독도를 보호해야 할 가치가 있다고 인정하고 독도의 환경 보존을 위해 노력하고 있어요. 1982년에는 독도 전체를 '천연기념물 제336호'로 지정했고, 1999년에는 '자연환경보전지역'으로 지정했어요. 또 2000년에는 '특정도서'로 지정했지요. '특정도서'란 사람이 살지 않거나 아주 좁은 지역에만 사는 섬으로, 자연환경이 매우 우수한 섬을 말해요.

독도는 언제부터 우리 땅이었어요?

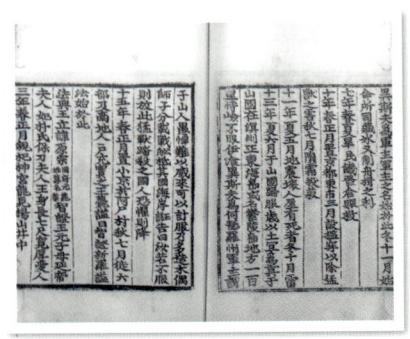

《삼국사기》

독도가 처음으로 우리 땅이 된 때는 삼국 시대였어요. 삼국 시대의 역사를 기록한 《삼국사기》를 보면 신라 지증왕 시절인 512년에 이사부가 우산국을 정벌했다고 나와요. 우산국은 울릉도와 독도를 말해요. 이때부터 울릉도와 독도가 신라의 땅이 된 거지요.

고려 시대의 역사를 기록한 《고려사》를 보면, "우산과 무릉은 본래에 두 섬으로 서로 거리가 멀지 않아 바람이 불지 않고 날씨가 맑으면 바라볼 수 있었다."라는 기록이 나와요. 여기서 말한 우산은 독도, 무릉은 울릉도를 말해요.

조선 시대에도 울릉도와 독도를 우리 땅으로 관리했어요. 문서에도 독도에 관한 기록이 수없이 나오지요. 예를 들어 세종의 명령으로 만들어진 《세종실록 지리지》에는 이런 기록이 있어요. "강원도 울진현 동쪽에는 우산, 무릉 두 섬이 있다. 두 섬은 서로 멀리 떨어져 있지 않아 맑은 날에는 바라볼 수 있다. 신라 때에는 우산국이라 했다."

《세종실록 지리지》

또 《숙종실록》에도 숙종이 2년 간격으로 사람을 보내 울릉도와 독도를 지키도록 명령했다는 기록이 있어요. 1900년에는 고종이 '칙령 제41호'를 발표했어요. '울릉도를 울도군으로 바꾸고, 그 관할 구역을 울릉도 전체와 죽도, 석도로 한다.'라는 내용이에요. 석도는 독도를 나타내요. 독도를 우리나라 땅이라고 국제적으로 분명하게 밝힌 거예요. 이처럼 역사적으로 살펴보아도 독도는 우리 땅이 확실한 것이지요.

고종의 '칙령 제41호'

1900년에 고종이 내린 칙령에 울릉도와 독도를 관할 구역으로 한다는 내용이 있어.

이름이 많았던 독도

옛날에는 독도를 우산도, 삼봉도, 가지도, 석도, 독도 등 여러 이름으로 불렀어요. 독도라는 이름은 1906년에 울릉도 군수 심흥택이 쓴 보고서에 처음 나와요. 일본에서는 1905년 이전에는 독도를 '다케시마(竹島)'라고 불렀어요. 1849년에 프랑스 배 리앙쿠르 호가 독도를 발견하고 독도의 이름을 리앙쿠르 섬이라고 이름 붙였는데, 그 뒤로 일본에서도 독도를 리앙코 또는 량코 섬이라고 했어요. 그러다가 1905년 이후에 다시 다케시마라고 불렀어요.

지리적, 국제법적으로도 독도는 우리 땅이에요

독도는 지리적으로도 우리 땅이에요. 독도는 울릉도에서 87.4km 떨어져 있어요. 맑은 날이면 울릉도에서 독도를 맨눈으로 볼 수 있을 정도로 가까워요. 이러한 지리적 특성 때문에 독도는 먼 옛날부터 울릉도의 일부로 생각되어 왔어요.

이에 비해 독도와 가장 가까운 일본 땅은 오키 섬으로 독도에서 157.5km나 떨어져 있어요. 그래서 우리나라 땅인 울릉도와 훨씬 가까이 있는 독도는 우리 땅에 포함되어야 하는 것이 당연하지요.

국제법에 의해서도 독도는 우리 땅이에요. 국제법상 영토를 얻기 위해서는 먼저 그 지역에 주인이 없어야 해요. 또 그곳을 자신의 영토로 삼는다는 국가의 발표가 있어야 하고, 그곳에 자기 나라 국민이 살거나 나라에서 관리하고 있어야 해요. 따라서 일본이 독도를 자기네 땅이라고 우

한국령 표지석

독도에 있는 우체통

독도 등대

독도 선착장 해마다 10만여 명의 우리 국민이 독도를 찾아오고 있어요.

독도는 일본보다 우리나라와 훨씬 가까워.

독도에는 우리나라 주민이 살고 있어.

져도 독도는 일본 땅이 될 수 없어요. 독도는 먼 옛날부터 우리 땅이었고, 지금까지 우리나라가 관리하고 다스리고 있으니까요.

2013년 현재 독도에는 2명의 우리나라 국민이 살고 있고, 해양경찰청 소속의 독도 경비대원들이 독도를 밤낮으로 지키고 있지요. 또 등대 관리원과 공무원이 등대와 레이더 기지 등 여러 시설을 관리하고 있어요. 이뿐만 아니라 해마다 10만 명 정도의 우리 국민들이 독도를 찾아오고 있고요. 이렇듯 국제법상으로도 독도는 분명 우리 땅이에요.

독도는 우리 땅이라는 것을 명심하자!!

독도는 우리 땅이에요 27

독도를 지키려고 노력한 사람들

예부터 독도를 지키기 위해서 노력한 사람들이 많아요. 일본으로 건너가 독도가 우리 땅이라고 확인을 받은 안용복도 그중에 한 명이에요.

조선 시대인 1693년에 안용복은 울릉도 근처에서 고기잡이를 하다가 일본 어부들과 마주쳤어요. 안용복은 일본 어부들을 쫓아내려다가 오히려 납치를 당해서 일본으로 끌려갔어요. 일본에서 안용복은 울릉도와 독도가 조선 땅이라는 것을 확실히 하고, 자신을 납치해 온 것에 대해 항의했어요. 일본 관리는 안용복의 말이 옳다며 안용복을 돌려보냈지요.

그런데 일본 어부들은 계속해서 울릉도와 독도 부근에서 고기잡이를 하는 것이었어요. 안용복은 1696년 다시 일본으로 건너가 독도는 조선 땅이라는 것을 강력하게 주장했어요. 결국 일본 정부는 1696년에 "울릉도와 독도는 조선 땅이므로 일본 어민들은 그곳에 가지 마라."라는 명령을 내렸어요.

독도 의용 수비대

일제 강점기가 지나고 광복이 된 후에도 독도를 지키려는 노력은 계속됐어요. 1953년에는 홍순칠 대장을 중심으로 한 울릉도 청년들이 독도 의용 수비대를 만들어 1956년까지 독도를 지켰어요. 지금은 독도 경비대가 독도를 지키고 있지요.

바다를 지키는 독도 경비대

독도는 독도 경비대가 밤낮으로 지키고 있어.

 독도를 지키는 독도 경비대

현재 독도를 지키고 있는 독도 경비대는 해양 경찰이에요. 독도 경비대는 40명 정도인데, 2개월마다 교대로 독도에서 근무해요. 그런데 독도를 군인이 아닌 경찰이 지키는 까닭은 무엇일까요? 군인은 국경이나 분쟁 지역을 지키는 역할을 해요. 그래서 만약 군인이 독도를 지키면 독도를 두고 일본과 우리나라가 싸운다는 것을 인정하는 것이 돼요. 독도는 분명한 우리 땅이기 때문에 경찰이 지키는 것이랍니다.

독도가 우리 땅이라는 것을 널리 알려야 해요

일본은 1952년부터 독도가 자기네 땅이라고 우기고 있어요. 그런데 우리나라와 일본 사이에 독도 문제를 다룬 협정은 크게 두 번 정도밖에 없었어요.

첫 번째 협정은 1965년에 맺어진 '한일 협정'이에요. 한일 협정은 일본이 우리나라를 지배한 것에 대한 배상(손해를 물어 주는 것)을 비롯해 여러 가지 문제를 합의했어요. 그런데 이 협정 중에 독도 문제가 애매하게 다루어졌어요. 당시 우리 정부는 일본으로부터 배상금을 받아야 했기 때문에 독도가 우리 땅이라는 것을 분명하게 밝히지 못했어요.

두 번째는 1994년부터 세계적으로 배타적 경제 수역이 실시되면서 맺어진 새로운 어업 협정이에요. 이때 독도는 다시 한국과 일본 사이에 큰 문제가 되었어요. 독도가 어느 나라 땅이 되느냐에 따라서 드넓은 바다를 차지하는 나라가 달라지기 때문이지요. 오랜 협상을 거쳐 결국 1999년에 맺어진 협정에서 독도 근처의 바다는 한국과 일본이 공동으로 관리하는 구역이라고 합의를 하고 말았지요.

그 뒤에는 독도 문제를 처리하기 위한 우리 정부와 일본 정부의 공식적인 회담은 없었어요. 이런 틈을 이용해서 일본은 더 노골적으로 독도는 일본 땅이라고 국제 사회에 알리고 있지요. 우리 정부와 국민들은 독도가 우리 땅인 근거를 잘 알고 다른 나라에 널리 알리는 노력을 해야 해요.

 ### 세계 지도에 표기된 동해

세계 지도의 90% 이상이 우리의 바다 '동해'를 '일본해'라고 표기하고 있어요. 동해는 5세기에 세워진 광개토 대왕릉비에도 나올 정도로 오래된 이름이에요. 일본해는 1602년에 이탈리아의 마테오 리치가 중국에서 제작한 『곤여만국전도』에 처음 사용된 것으로 알려졌지요. 그런데 왜 이런 일이 생긴 것일까요? 서양에서는 우리보다 먼저 서양과 교류를 시작한 일본 중심으로 동아시아 지역을 설명하기 때문에 일본해가 널리 쓰인 거예요. 게다가 우리나라가 일본의 식민지가 되면서 일본해라는 이름이 굳어졌지요. 동해의 이름을 찾으려면 우리 국민들의 관심과 노력이 필요해요.

한국해라고 표시된 영국의 고지도

독도가 표시된 고지도

독도는 아주 오랜 옛날부터 우리 땅이었어요. 1500년대에 우리나라와 일본이 그린 『팔도총도』 말고도 독도가 우리 땅이라는 것이 분명히 표시되어 있는 고지도는 많아요.

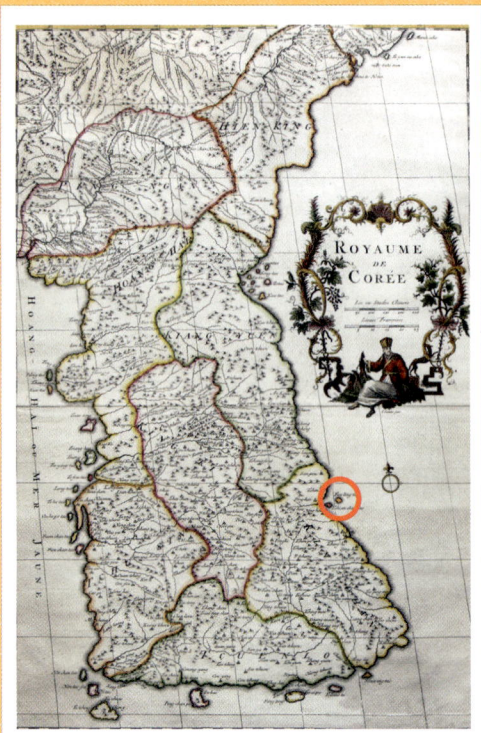

『조선왕국전도』

1737년에 프랑스의 지리학자 당빌이 만들었어요. 서양에서 처음 만든 우리나라 지도로, 울릉도와 독도가 우리나라 땅이라고 나타나 있지요.

독도가 우리 땅이라는 증거가 이렇게 많은데, 일본의 주장은 정말 말도 안 돼.

『일본전도』

1794년에 영국의 지리학자 로리와 휘틀이 만든 지도예요. 울릉도와 독도를 우리 영토로 나타냈어요.

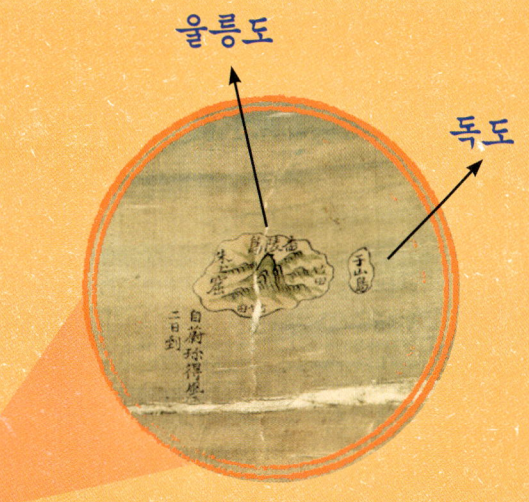

울릉도

독도

『동국대지도』

1755년에서 1767년 사이에 조선의 지리학자 정상기가 만든 지도예요. 울릉도와 독도가 잘 나타나 있어요.

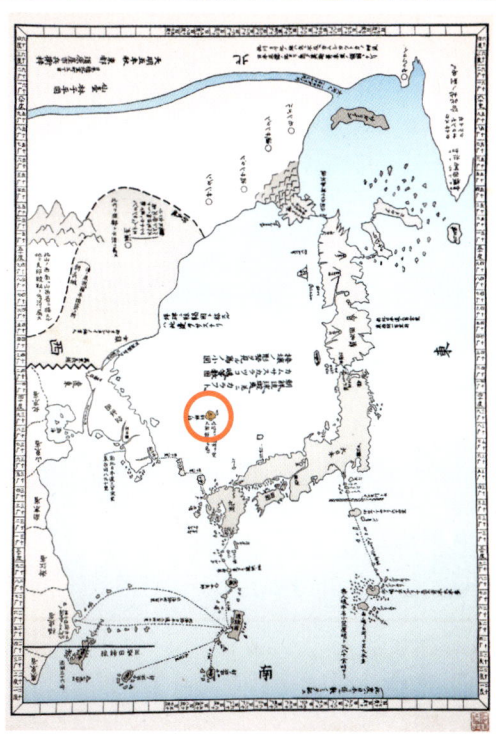

일본이 독도를 일본 땅이라고 우길 수 없도록 우리도 노력하자.

『삼국접양지도』

1785년 일본의 학자 하야시 시헤이가 만든 지도예요. 우리나라, 일본, 중국 동북 지방을 그렸어요. 울릉도와 독도가 우리나라 영토라고 표시되어 있어요.

2. 동북 공정
소중한 우리 역사를 지켜요

중국은 우리 민족이 처음 세운 나라인 고조선을 비롯해 부여, 고구려, 발해의 역사를 자기네 역사라고 우기고 있어요. 특히 고구려의 역사를 빼앗으려고 애쓰고 있지요. 고구려는 우리 역사상 가장 넓은 영토를 가진 나라로 중국 수나라와 당나라 대군을 물리치고 한반도를 지켜 낸 힘센 나라예요. 중국이 고구려의 역사를 자기네 역사로 우기지 못하도록 우리 모두 소중한 우리 역사를 잘 알고 지키기 위해 노력해야 해요.

동북 공정이 뭐예요?

중국의 동북 3성

'동북 공정'이란 중국의 동북 3성 지역(헤이룽장 성, 지린 성, 랴오닝 성)의 역사와 문화를 체계적으로 연구하겠다는 중국 정부의 연구 작업이에요. 중국은 2002년부터 5년 동안 막대한 돈과 수많은 학자를 동원해 이 연구 작업을 추진했어요. 그런데 동북 공정은 우리나라 입장에서는 매우 심각한 문제예요. 동북 공정에서 다루고 있는 내용들이 고구려를 비롯해서 고조선, 발해의 역사를 크게 왜곡하고 있기 때문이지요.

중국은 오래전부터 고구려를 독립된 나라가 아니라 중국의 지배를 받은 지방 정권이라고 주장해 왔어요. 이러한 주장을 뒷받침하기 위해 정부 차원에서 본격적으로 동북 공정을 벌인 것이지요. 중국의 뜻대로 된다면 우리 민족 최초의 나라인 고조선, 고구려와 백제의 뿌리인 부여, 우리 역사상 가장 강대했던 고구려, 고구려 뒤를 이은 발해 등은 모두 중국의 역사가 돼요.

이뿐만 아니라 현재 중국에 있는 우리의 자랑스러운 문화유산이 중국의 문화유산이 되는 거예요. 자랑스러운 우리의 역사와 문화유산을 지키기 위해 동북 공정의 역사 왜곡을 꼭 막아야 해요.

중국의 서남 공정, 서북 공정

중국의 역사 왜곡은 동북 공정에서만 진행되는 것은 아니에요. 중국은 서남 공정과 서북 공정도 함께 진행하고 있어요. 서남 공정은 티베트의 역사를 중국 역사로 만드는 작업이고, 서북 공정은 위구르 족의 역사를 중국 역사로 만드는 작업이에요. 중국은 이뿐만 아니라 몽골과 베트남의 역사까지도 자기네 역사로 만들려고 하고 있어요.

중국은 왜 고구려를 자기네 역사라고 해요?

간도의 위치

중국은 왜 동북 공정을 통해 고구려의 역사를 자기네 역사라고 주장할까요?

아마도 우리나라가 통일된 후에 일어날 수 있는 영토 분쟁을 미리 막으려는 속셈 때문일 거예요. 우리나라가 통일되면 고구려 영토였던 간도 지역은 분쟁 가능성이 높아지거든요.

간도는 원래 우리 땅이었어요. 간도 지역은 중국 랴오닝 성과 지린 성에 걸쳐 있어요. 1712년에 세운 '백두산정계비'에 간도가 우리의 영토라고 새겨져 있어요. 백두산정계비는 조선과 청나라의 영토를 확실하게 구분하려고 백두산 동남쪽 기슭에 세운 비석이에요. 비석에는 "서쪽으로는 압록강을 경계로 삼고, 동쪽으로는 토문강을 경계로 삼는다."라고 되어 있어요. 중국은 토문강을 두만강이라고 주장하고 있지만 토문강은 쑹화 강이 맞아요. 1902년에 조선 정부가 관리를 파견해 간도를 관리했다는 기록도 있어요.

하지만 또 1909년 청나라와 일본이 우리를 빼고 '간도 협약'을 맺어서 간도가 중국 땅이 되었어요. 일본이 만주의 철도, 광산 개발권 등을 얻으려고 간도를 중국에 넘겨준 것이지요. 하지만 당시에는 우리가 일본에 외교권을 빼앗긴 상태였기 때문에 이 협약은 무효예요. 또한 이 지역에는 우리 민족이 모여 옌볜 조선족 자치구를 이루고 있어요. 통일이 되면 조선족 자치구는 우리나라로 편입될 수도 있어요.

그래서 중국은 고구려의 역사를 자기네 역사로 만들어 고구려의 영토였던 간도 지역도 중국의 것이라고 주장하는 거지요.

 ## 우리 민족이 사는 옌볜 조선족 자치구

보통 우리가 '연변'이라고 부르는 중국 지린 성 지안 시에 있는 '옌볜 조선족 자치구'는 조선 시대에는 북간도라고 불렸던 곳이에요. 이곳에 우리 민족이 스스로 정책을 결정하고 관리하는 옌볜 조선족 자치주가 있어요. 중국에 살고 있는 우리 민족을 중국에서는 조선족이라고 불러요. 그래서 이곳을 옌볜 조선족 자치구라고 하는 거예요. 옌볜에 가면 우리말과 우리글을 쉽게 듣고 볼 수 있어요.

동북아시아를 호령하던 고구려

고구려는 기원전 37년에 주몽이 세운 나라로, 중국의 여러 세력과 싸우면서 발전해 나갔지요. 고구려가 가장 강한 힘을 가졌던 때는 광개토 대왕과 그의 아들 장수왕 때였어요. 광개토 대왕과 장수왕은 영토를 넓혀 지금은 중국 땅인 만주와 연해주 지역, 랴오둥 반도를 고구려 영토로 만들었지요.

당시 고구려는 동북아시아에서 가장 힘센 나라였어요. 또한 고구려는 스스로를 '천하의 중심'이라고 생각할 정도로 강한 자부심과 기상을 가진 나라였답니다.

고구려는 중국의 침입으로부터 우리 민족을 지키는 울타리 역할을 했어요. 고구려는 중국을 통일한 수나라와 당나라와도 싸워 이긴 강한 나라예요. 엄청난 대군을 이끌고 여러 번 고구려를 공격한 수나라와 당나라의 공격을 모두 물리쳤지요.

고구려는 수나라와 당나라의 공격을 잘 막아 냈지만 권력을 쥐고 있던 귀족들이 권력을 차지하려고 싸우는 바람에 힘이 약해졌어요. 결국 668년 만주와 한반도를 호령하던 고구려는 당나라에 멸망당하고 말았지요.

중국 지안 시에 있는 고구려 왕의 무덤, 장군총

대제국을 만든 고구려의 광개토 대왕

중국 지안 시 퉁거우에 가면 거대한 비석이 세워져 있어요. 바로 광개토 대왕의 업적이 새겨져 있는 광개토 대왕릉비예요. 광개토 대왕은 17살의 나이에 고구려의 왕이 되어서 39살의 젊은 나이에 세상을 떠날 때까지 20여 년 동안 정복 전쟁을 벌였어요. 그 결과 고구려는 넓디넓은 땅을 다스리는 동북아시아 최고의 대제국으로 발전해 나갔어요. 그래서 이름도 광개토 대왕이 된 거예요. 광개토 대왕이라는 이름은 넓은 땅을 정복한 위대한 왕이라는 뜻이거든요.

광개토 대왕릉비

동북 공정

중국은 부여와 발해도 자기네 역사라고 우겨요

부여는 기원전 300년 말경부터 494년까지 만주의 쑹화 강 근처를 중심으로 아주 넓은 땅을 가진 나라였어요. 중국은 부여의 역사를 중국의 역사라고 주장하고 있어요. 하지만 틀린 말이에요.

부여는 우리 민족을 이룬 부족 중 하나인 예맥족이 세운 나라예요. 고구려와 백제는 부여에서 나온 나라이고요. 고구려를 세운 주몽은 부여의 왕자이고, 백제를 세운 온조는 주몽의 아들이에요. 고구려와 백제도 자신들이 부여에서 나온 나라라는 사실을 여러 곳에 기록해 놓았어요. 백제는 성왕 때 국호를 남부여로 고치기까지 했어요.

발해는 고구려가 멸망한 지 30년 만인 698년에 고구려 땅에 세워진 나라예요. 발해는 고구려의 옛 땅을 대부분 되찾아 크고 강한 나라가 되었어요. 그래서 당나라에서는 발해를 '해동성국'이라고 불렀어요. 해동성국은 '동쪽에서 일어난 큰 나라'라는 뜻이에요.

그런데 중국은 발해가 '말갈국'이라는 이름으로 불렸다며 중국의 소수 민족인 말갈족이 세운 중국의 지방 정권이었다고 주장하고 있어요. 이것은 틀린 주장이에요. 발해는 말갈국이라는 이름을 쓴 적이 없었어요. 발해는 나라를 세울 때 나

발해와 고구려 수막새 수키와가 쭉 이어져 만들어진 기왓등의 끝에 사용하던 기와예요. 발해(왼쪽)와 고구려(오른쪽)의 무늬가 비슷해요.

라 이름을 진국이라고 했고, 스스로 고구려의 뒤를 이은 나라라고 했어요. 일본에 보낸 외교 문서에는 나라 이름을 고려라고 쓰기도 했어요. 고려는 고구려에서 나온 이름이에요. 온돌 유적지와 기와 무늬 등을 살펴보면 고구려 문화의 영향을 많이 받았다는 것을 알 수 있어요. 발해는 고구려를 이은 나라로 자랑스러운 우리 역사예요.

오랫동안 우리 역사에서 빠졌던 발해

발해의 역사는 오랫동안 우리 역사가 아니었어요. 신라가 고구려, 백제를 통일했다고 생각했기 때문에 역사책에서 발해를 다루지 않았어요. 《삼국사기》를 쓴 김부식도 신라 중심으로만 역사책을 썼어요.

발해의 역사가 우리 역사로 들어온 것은 조선 후기에 이르러서예요. 유득공이 《발해고》를 써서 발해가 고구려의 뒤를 이은 우리 역사라는 것을 널리 알렸지요.

유득공이 쓴 《발해고》

부여, 고구려, 발해의 역사를 지켜야 해요

중국이 2002년에 시작한 동북 공정 연구는 2007년에 공식적으로 마무리되었어요. 그런데 동북 공정이 끝났다고 해서 중국의 역사 왜곡이 멈춘 것은 아니에요. 중국은 5년 동안 엄청난 돈과 수많은 학자를 동원해서 연구한 것을 전 세계에 계속 발표하고 있어요. 이뿐만 아니라 지금도 지방 정부나 대학에서 동북 공정을 이어받아 연구하고 있어요. 동북 공정을 통해서 만들어진 논리를 더 다듬고 더 깊이 연구하고 있는 거예요.

더 나아가 중국 학생과 국민에게 잘못된 역사를 선전하고 있어요. 중국에 있는 고구려, 발해의 유적지와 박물관의 안내문, 대학 교재 등에는 고구려와 발해가 중국의 역사라고 적혀 있어요. 그래서 고구려와 발해의 역사가 중국의 역사라고 생각하는 중국인이 빠르게 늘고 있어요. 동북 공정이 아직도 진행되고 있는 것이지요.

이렇게 되면 자랑스러운 우리 역사를 중국에 빼앗길 수도 있어요. 이를 막기 위해서는 우리나라도 고조선, 부여, 고구려, 발해의 역사를 더 깊이 연구해야 해요. 중국의 주장이 어디가 잘못되었는지 다른 나라에도 널리 알리고 잘못을 고치도록 하는 노력이 필요하지요. 또한 고구려, 발해는 북한 지역에 있던 나라인만큼 남한과 북한이 함께 힘을 모으는 것도 중요해요. 무엇보다 우리 역사에 관심과 애정을 가지고 우리 역사를 배워야 해요. 역사를 모르면 우리 역사를 지킬 수도 없으니까요.

중국 지안 시 박물관에 세워져 있는 고구려 광개토 대왕릉비에 관한 안내문

동북공정

고구려 문화유산을 지켜야 해요

2004년에 북한과 중국에 있는 고구려 유적과 유물이 유네스코 세계 문화유산으로 등록됐어요. 북한은 63기의 고구려 무덤을 '고구려 고분군'이라는 이름으로 등록했어요. 중국은 '고대 고구려 왕국의 수도와 무덤군'이라는 이름으로 광개토 대왕릉비, 광개토 대왕릉, 환도산성, 장군총, 국내성, 무용총 등 43건을 등록했어요.

고구려의 유적과 유물이 유네스코 세계 문화유산에 등록되었다는 것은 반가운 일이에요. 고구려 문화유산이 세계적으로 그 가치를 인정받아 체계적인 관리와 보존이 이루어지게 되었으니까요. 그런데 세계 문화유산으로 등록된 것을 마냥 좋아할 수만은 없어요. 중국이 세계 문화유산으로 등록된 고구려 유적을 이용해서 고구려 역사가 자신들의 역사라고 선전하고 있기 때문이에요.

중국이 등록한 세계 문화유산에는 고구려의 수도와 왕릉 등이 포함되어 있어요. 이에 비해 북한에 있는 고구려 문화유산은 고분들이 전부예요. 고구려가 우리 역사라는 사실을 세계적으로 널리 알리기 위해 고구려의 수도였던 평양성 등도 세계 문화유산에 등록시킬 필요가 있어요.

중국 지린 성 지안 현에 있는 고구려의 환도산성

중국 지린 성 지안 현에 있는 고구려 고분군

"중국의 동북 공정을 막는 방법은 우리가 고구려를 비롯한 우리의 역사를 소중하게 생각하는 거란다."

"고구려가 우리 역사라는 것을 다른 나라 친구들에게 알려야겠어요."

"나랑 같이 하자."

유네스코 세계 유산

유네스코 세계 유산은 유네스코에서 인류의 소중한 문화 및 자연 유산을 보호하려고 지정한 것이에요. 세계 유산은 역사적으로 중요한 가치를 가지는 문화유산과 지구의 역사를 잘 나타내고 있는 자연 유산 그리고 문화유산과 자연 유산의 성격을 함께 가지고 있는 복합 유산으로 나눌 수 있어요.

2 소중한 우리 역사를 지켜요 47

자랑스러운 고구려 고분 벽화

고구려 고분에는 벽화가 그려져 있어요. 고구려 고분 벽화는 섬세하고 아름다울 뿐만 아니라 고구려 사람들의 생각과 생활을 알 수 있어요.

북쪽을 지키는 현무
서쪽을 지키는 백호
동쪽을 지키는 청룡
남쪽을 지키는 주작

강서대묘 사신도

평안남도 남포시의 강서대묘에 그려져 있는 벽화예요. 청룡, 백호, 주작, 현무는 상상 속의 동물로 각각 동서남북을 지켜 주어요. 고구려 사람들은 동서 남북 무덤의 네 벽에 사신도를 그리면 나쁜 기운이 무덤 안으로 들어오지 못한다고 믿었어요.

무용총 수렵도
중국 지린 성 지안 현의 무용총에 그려져 있는 벽화예요. 고구려 무사가 사냥하는 모습을 그렸어요. 막 활을 쏘려고 하는 무사와 달아나는 사슴의 모습을 잘 표현했어요.

덕흥리 고분 행렬도
평안남도 남포시의 덕흥리 고분에 그려져 있는 벽화예요. 귀족이 나들이를 하는 모습으로, 말을 탄 병사들, 마차와 우차, 주인을 따르는 사람들을 통해 고구려 사람들의 생활 모습을 알 수 있어요.

안악 3호분 귀족
황해남도 안악군의 안악 3호분에 그려져 있는 벽화예요. 평상 위에서 앉아 있는 모습의 주인공은 검은 모자 위에 하얀 모자를 쓰고 있어요. 양쪽에 관리들을 거느리고 정사를 보는 모습이 자세하게 그려져 있어요.

오회분 수레바퀴 신
중국 지린 성 지안 현의 오회분 4호묘에 그려져 있는 신이에요. 고구려 사람들은 온갖 사물에 모두 신이 있다고 믿었어요.

3. 역사 왜곡

일본의 역사 왜곡을 막아요

일본은 제2차 세계 대전을 일으킨 나라예요. 동아시아를 전쟁으로 몰아넣었지요. 그런데도 일본은 자신들의 잘못을 뉘우치기는커녕 역사상 처음으로 원자 폭탄의 피해를 입은 것을 핑계 삼아 전쟁의 피해자라고 주장하고 있어요. 이뿐만 아니라 역사까지 왜곡하고 있지요. 심지어 우리나라의 경제가 발전한 것이 일본의 식민지 지배를 받은 덕분이라는 말도 안 되는 주장까지 하고 있어요. 우리의 역사를 제대로 알아서 일본의 역사 왜곡을 막아야 해요.

역사 왜곡

일본이 역사 교과서를 왜곡하고 있어요

   일본은 우리나라를 침략했을 뿐만 아니라 독일, 이탈리아와 함께 제2차 세계 대전을 일으킨 나라예요. 그런데 일본은 자신들의 잘못을 반성하기는커녕 역사를 왜곡하는 잘못된 역사 교과서를 만들고 있어요.

   일본은 1950년대부터 자신들이 다른 나라를 침략해서 고통을 준 나라라는 사실을 은근슬쩍 감추고 있어요. 1982년에는 역사 교과서에 '침략'을 '진출'로 쓰는 등 다른 나라를 침략한 게 잘못한 일이 아닌 것처럼 써 놓았어요.

   이것도 모자라서 일본의 일부 학자들은 1997년에 '새로운 역사 교과서를 만드는 모임'을 만들고, 2001년에 새로운 역사 교과서를 펴냈어요. 그들은 이 교과서를 통해 일본이 저지른 침략을 아시아를 해방시키기 위해서였다고 주장해요. 그러면서 자신들이 식민지에서 저지른 범죄는 아예 빼 버리거나 사실을 틀리게 적고 있지요.

   새로운 역사 교과서가 나온 이후 일본의 다른 교과서들도 일본군 위안부와 같은 범죄 행위는 교과서에서 빼 버리고, 독도는 일본 땅이라는 거짓된 내용을 역사 교과서에 넣고 있지요.

   이에 우리나라 학자와 중국의 학자, 일본의 양심적인 학자들은 '아시아 평화와 역사교육연대'라는 단체를 조직하여 한중일 공동 역사 교재를 펴내는 등 일본의 역사 왜곡에 대응하고 있어요.

안중근 의사를 암살자라고 묘사한 일본의 역사 교과서

 일본과는 다른 독일의 역사 교육

독일은 일본과 달리 철저하게 과거를 반성하고 사죄하고 있어요. 전쟁이 끝난 후 독일 총리들은 독일이 학살했던 유대인 추모비 앞에 무릎 꿇고 사죄를 했어요. 또한 프랑스, 폴란드 등 독일이 피해를 준 나라를 총리가 직접 찾아가서 사과했어요. 이뿐만 아니라 독일은 자신들이 어떤 잘못을 했는지 초등학교부터 가르쳐요. 독일이 왜 전쟁을 일으켰고, 얼마나 잔인하게 사람들을 학살했는지에 대해 적나라하게 알려 주지요. 그리고 정부가 잘못하는 것이 있다면 분명하게 비판하고 반대해야 한다고 가르치고 있어요.

우리나라 경제가 발전한 것은 일본 때문이 아니에요

일본은 우리나라 경제가 발전한 것이 일본의 식민지 지배 때문이라고 주장해요. 이것은 말도 안 되는 주장이에요. 오히려 일본이 우리나라의 식량과 자원을 빼앗아가 일본의 경제를 발전시켰지요.

일제 강점기 때 일본은 우리나라에 철도, 도로, 항구 등을 건설하고, 저수지와 같은 관개 시설 등을 만들고 정비했어요. 일본은 이것 때문에 우리나라가 근대 국가로 발전했다고 해요. 하지만 일본이 우리나라에 근대 시설을 건설한 이유는 우리나라의 곡물, 지하자원, 문화재 등을 빠르게 일본으로 빼앗아 가기 위해서였어요. 또한 전쟁에 필요한 물자와 군인들을 빠르게 실어 나르기 위해서도 필요했던 것이지요.

또 일본은 일제 강점기 때 세운 근대 학교에서 교육받은 사람들이 우리나라의 경제를 발전시켰으므로 우리나라 경제는 일본의 교육 때문에 발전한 것이라고 주장해요. 하지만 일본은 식민지 지배를 위해서 우리 민족 정신을 말살시키는 교육을 했어요. 한글 대신 일본어를 가르치고 일본에 충성을 다할 것을 가르쳤지요. 결국 일본의 식민지 지배를 위해서 우리나라 사람을 교육시킨 거예요.

일본의 지배를 받으면서 우리나라는 땅도 산업도 일본에게 빼앗겨 경제가 만신창이가 되었어요. 지금의 경제 발전은 일본 때문이 아니라 우리 국민들의 피땀 어린 노력 덕분이었어요.

일본의 야스쿠니 신사는 어떤 곳이에요?

　우리나라와 중국을 비롯한 여러 나라에서는 일본 총리나 일본의 고위 관리들이 야스쿠니 신사를 참배하는 것을 강력하게 반대해요. 야스쿠니 신사가 어떤 곳이기에 이곳에 참배하는 것이 국제적인 문제가 될까요?
　신사란 일본 왕실의 조상이나 일본 고유의 신, 죽은 사람을 모신 우리나라의 사당과 같은 곳이에요. 야스쿠니 신사는 일본에 있는 신사 가운데 가장 크지요. 야스쿠니 신사는 일본 왕을 위해 목숨을 바친 사람에게 제사를 지내려고 1869년에 지어졌어요. 그런데 1900년대부터 전쟁에서 싸우다 죽은 일본군을 야스쿠니 신사에 모셔 제사를 지냈어요.

야스쿠니 신사

다른 나라에서 뭐라고 하든지 난 우리 일본을 위해 싸운 분들을 찾아가서 참배할 거야.

게다가 1978년부터는 제2차 세계 대전을 일으킨 책임이 가장 큰 A급 전범 14명을 야스쿠니 신사에서 제사를 지내고 있어요. 일본은 전쟁을 일으킨 범죄자를 신으로 받들고 있는 거지요.

야스쿠니 신사에 총리와 일본 관리들이 참배를 하는 것은 전쟁에 대한 책임을 부정하는 것이에요. 더 나아가 전쟁에서 죽은 사람을 참배하면서 자신들이 전쟁의 피해자라는 것을 은근히 내세우고 있어요. 이러한 이유 때문에 야스쿠니 신사 참배는 국제적인 문제로 떠올랐지요.

유대 인에게 사죄하는 독일

2013년 8월 독일의 메르켈 총리는 "독일인은 나치의 각종 범죄, 희생자들에 대해 영원한 책임이 있다."며 거듭 사죄했어요. 이미 1970년에도 블란트 서독 총리는 폴란드를 찾아가 '나치 희생자 위령탑'에서 사죄한 적이 있어요. 2004년에도 독일의 슈뢰더 총리는 제2차 세계 대전을 일으킨 역사가 부끄럽다고 했어요. 이에 비해 일본은 아직까지도 과거의 잘못에 대해 진정어린 사과를 하고 있지 않아요.

역사 왜곡

일본은 왜 명성 황후를 죽였어요?

1895년 8월 20일 새벽, 한 무리의 일본인이 경복궁에 침입했어요. 일본인은 왕의 침실까지 들어가 고종을 칼로 위협했어요. 하지만 그들이 노리는 것은 고종이 아니었어요. 일본인은 궁녀와 환관들을 닥치는 대로 죽이면서 조선의 왕비인 명성 황후를 찾았어요. 일본인은 결국 명성 황후를 찾아내 잔인하게 죽였어요. 이 사건을 을미사변이라고 해요. 왜 일본인이 명성 황후를 죽였을까요?

1894년 청나라와의 전쟁에서 승리한 일본은 이때부터 조선의 정치에 간섭하면서 조선을 차지하려는 속셈을 노골적으로 드러냈어요. 고종과 명성 황후는 일본의 간섭으로부터 벗어나고 싶었지만 힘이 없었어요.

당시 러시아와 일본은 우리나라와 만주를 서로 차지하려고 사사건건 대립했어요. 일본이 랴오둥 반도를 차지하자 러시아는 프랑스와 독일을 끌어들였어요. 세 나라는 랴오둥 반도를 중국에 돌려주라고 일본을 압박했지요.

일본은 하는 수 없이 랴오둥 반도를 중국에 돌려주었어요. 일본이 세 나라의 간섭에 굴복한 것을 본 명성 황후는 러시아를 끌어들였어요. 조선을 차지하려던 일본은 러시아를 끌어들인 명성 황후가 눈엣가시였어요. 그래서 명성 황후를 죽인 거예요. 하지만 일본은 명성 황후 시해 사건과 아무런 관계가 없다고 발뺌하고 있어요.

명성 황후의 장례식

비운의 왕, 고종

조선 제26대 왕, 고종

고종은 아버지인 흥선 대원군과 왕비인 명성 황후 사이에 끼어서 제대로 왕 역할을 하지 못했어요. 흥선 대원군이 물러나고 명성 황후마저 죽고 나자 고종은 기울어져 가는 나라를 어떻게든 지키고 싶었어요. 그래서 1897년 나라 이름을 '대한 제국'으로 바꾸고, 황제가 되었어요. 대한 제국은 다른 나라의 간섭에서 벗어나 강대국과 동등한 위치에 선다는 것을 표현한 것이었어요. 그러나 1907년 고종은 황제 자리에서 쫓겨났고, 결국 1910년에 나라를 일본에게 빼앗겼어요.

역사 왜곡

우리나라는 어떻게 일본에 나라를 빼앗겼어요?

1875년 고종이 나라의 문을 연 이래 우리나라는 강대국의 각축장이 되었어요. 그중 중국, 일본, 러시아가 조선을 차지하려고 호시탐탐 기회를 노렸지요. 일본은 1894년에는 청나라와, 1904년에는 러시아와 전쟁을 벌여 모두 승리했어요. 그 뒤 일본은 본격적으로 조선을 빼앗으려고 했어요.

1905년 11월, 일본은 궁궐을 포위하고 고종에게 조선의 외교권을 일본에 넘기는 을사조약에 도장을 찍을 것을 강요했어요. 을사조약에는 일본인 관리가 우리나라의 정치를 감독하겠다는 내용도 들어 있었어요. 고종은 조약을 받아들일 수 없었지요. 외교권을 일본에 넘긴다는 것은 나라의 주권을 넘긴다는 것과 같은 뜻이니까요.

그런데 당시 조선의 대신 중에서 박제순, 이완용, 이지용, 권중현, 이근택이 조약에 찬성했어요. 이들이 '을사오적'이에요. 일본은 이들의 힘을 빌려 을사조약을 강제로 맺었어요. 을사조약으로 우리나라 정부는 있으나 마나한 것이 되었지요.

결국 1910년 8월 22일, '한일 병합 조약'이 체결됐어요. 이 조약으로 우리나라가 완전히 일본의 지배를 받게 된 거예요. 이때부터 1945년까지 우리나라는 일본의 식민지가 되었어요.

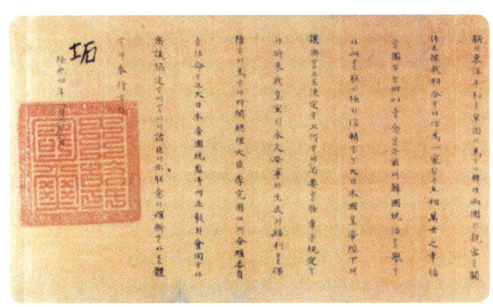

한일 병합 조약문

일본에 협조한 친일파

친일파란 일본이 우리나라를 빼앗을 때 일본의 침략에 협조했거나 일본의 정책을 지지하고 따랐던 사람들을 말해요. 친일파는 우리나라를 배신하고 일본 편에 서서 우리 민족에게 큰 고통을 주었고, 독립운동을 방해했어요. 광복이 되었을 때 친일파들은 처벌을 받아야 마땅했지만 당시 정부에서 제대로 처벌을 하지 않았어요.

대표적인 친일파, 이완용

역사 왜곡

원자 폭탄의 가장 큰 피해 국가는 일본이라면서요?

우리나라를 빼앗은 일본은 중국 대륙을 침략했어요. 1931년에는 만주를 침략했고, 1937년부터 본격적으로 중국을 공격했지요. 그리고 1941년에는 미국 하와이에 있는 진주만을 기습 공격했어요. 당시는 독일, 이탈리아 등이 일으킨 제2차 세계 대전이 한창일 때였어요. 일본의 진주만 공격으로 아시아, 유럽뿐만 아니라 태평양까지 전쟁이 번졌어요.

1945년에 들어서면서 전쟁은 일본에 점점 불리해졌어요. 이탈리아와 독일은 이미 항복을 했고, 남은 것은 일본뿐이었어요. 미국은 일본이 항복을 거부하자 히로시마와 나가사키에 원자 폭탄을 떨어뜨렸지요. 일본은 무조건 항복할 수밖에 없었어요.

히로시마 인구 34만 명 중 약 14만 명이 목숨을 잃었고, 나가사키에서도 약 4만 명이 죽었어요. 하지만 이것이 끝이 아니었어요. 원자 폭탄이 터질 때 나온 방사선 때문에 수많은 사람이 병에 걸려 고통스러운 죽음을 맞았어요. 방사선 피해는 당사자뿐만 아니라 후손에게 계속 이어져 지금까지도 계속되고 있어요.

일본은 인류 역사상 처음으로 원자 폭탄의 공격을 받았어요. 이를 이용해 일본은 자신들이 전쟁의 피해자라고 주장하고 있어요.

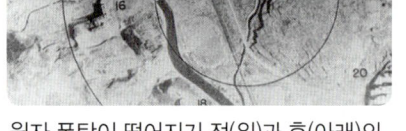
원자 폭탄이 떨어지기 전(위)과 후(아래)의 일본 나가사키 모습

가장 무서운 무기, 원자 폭탄

1930년대 독일의 과학자들이 우라늄의 원자핵이 핵분열을 일으키면 엄청난 에너지가 나온다는 것을 발견했어요. 과학자들은 원자핵을 에너지 자원으로 개발했어요. 제2차 세계 대전이 일어나자 과학자들은 원자핵을 이용한 폭탄을 연구하기 시작했어요. 미국은 1945년 7월 16일, 원자 폭탄 실험에 성공했어요. 그 뒤 미국과 소련을 중심으로 핵무기는 나날이 발전했어요. 현재 핵무기는 지구의 평화를 위협하는 가장 무서운 무기예요.

왜 일본의 군대는 자위대인가요?

제2차 세계 대전을 일으켰던 일본은 1945년부터 1952년까지 미국이 중심이 된 연합국 최고 사령부의 통치를 받아야 했어요. 전쟁을 일으킨 일본의 책임을 묻고 전쟁 후 처리를 위해 연합국 최고 사령부가 일본을 다스린 것이지요.

1947년에 연합국 최고 사령부의 주도로 일본 평화 헌법이 만들어졌어요. 평화 헌법에는 일본은 다른 나라와 전쟁을 하지 않으며 어떠한 군대도 보유하지 않겠다는 조항이 있어요. 세계 대전을 일으킨 나라로써 받아야 할 일종의 벌이지요.

그런데 일본은 1950년부터 군대와 비슷한 경찰 예비대, 해상 경비대 등을 만들었어요. 1954년에는 '자위대'로 이름을 바꾸었지요. 자위대는 자신을 지키기 위한 부대라는 뜻이에요. 일본은 군대를 가질 수 없지만 자위대는 최첨단 무기를 가지고 있는 군대예요. 또한 엄청난 돈을 군사비로 쓰면서 자위대를 더욱 키우고 있어요.

1992년에 '국제 평화 협력법'을 만들어 다른 나라에 자위대를 보내고 있어요. 이뿐만 아니라 동맹국인 미국이 공격을 받을 경우 일본이 공격을 받는 것으로 간주해 미국을 도와 다른 나라를 공격할 수 있도록 평화 헌법을 바꾸려고 해요. 우리나라와 중국뿐만 아니라 세계 많은 나라가 일본의 이러한 움직임을 걱정하고 있어요.

일본 자위대의 장갑차

일본 자위대의 전투기

 세계에서 여섯 번째로 많은 일본의 군사비

일본은 한때 미국 다음으로 많은 군사비를 쓰는 나라였어요. 그러다가 2002년부터 2012년까지 10년 동안 군사비를 점차 줄여 나갔어요. 10년 동안 군사비를 줄였다고 해도 일본 국방비의 규모는 세계 6위예요. 2013년에 들어서 10년 동안 줄였던 군사비를 다시 늘리려고 계획하고 있어요. 일본은 군사비를 늘리는 이유를 중국을 견제하고 미국을 지원하기 위해서라고 말하고 있어요. 하지만 사실은 군사력을 키워 일본의 영향력을 키우려는 속셈이에요.

일본군 위안부가 뭐예요?

제2차 세계 대전 당시 일본은 중국 만주와 동남아시아의 여러 곳을 점령하고 미국의 진주만까지 공격했어요. 일본은 자기 나라가 벌이는 싸움에 우리나라 젊은이까지 동원했지요.

일본은 남자뿐만 아니라 여자도 전쟁터로 끌고 갔어요. 일본 군사들의 불안이나 불만 등을 풀어 주고 사기를 높이기 위해서였어요. 전쟁터로 끌려간 우리나라 여자들은 위안소라는 곳에 갇혀 지내며 일본 군인에게 성폭행을 당해야 했어요. 이들이 일본군 위안부예요.

일본은 여자들을 강제로 끌고 가거나 취업을 시켜 준다고 속여서 일본군 위안부로 삼았어요. 일본군 위안부가 몇 명이나 되는지는 정확하지 않아요. 적게는 5만 명에서 많게는 수십만 명이 끌려갔을 것이라고 추정하고 있어요.

일본군 위안부로 끌려간 여자들의 나이는 10대 초반부터 20대 후반까지 다양했어요. 우리나라뿐만 아니라 만주, 필리핀, 인도네시아 등 일본이 점령한 지역의 여성들도 있었지요. 일본군 위안부는 일본군이 싸우는 지역으로 강제로 끌려가서 비참한 생활을 해야 했어요.

최초의 위안소 표지판

일본군 위안부가 맞을까, 종군 위안부가 맞을까?

일본에서는 일본군 위안부를 종군 위안부라고 쓰고 있어요. 종군 위안부라는 말은 종군 기자, 종군 의사처럼 위안부들이 자발적으로 군대를 따라다녔다는 의미를 가지고 있어요. 종군 위안부라는 말은 일본이 여자들을 강제로 끌고 가서 위안부로 삼았던 사실을 감추려고 일본이 만들어 낸 말이에요. 국제 사회는 일본군 위안부를 '일본군 성노예'라는 용어로 사용하고 있어요. 이 말은 성노예가 되어야 했던 일본군 위안부 문제의 실상을 잘 표현하고 있어요.

일본군 위안부 문제는 아직도 해결되지 않았어요

1945년에 전쟁이 끝나자 일본군 위안부는 철저하게 버림받았어요. 일본군은 자신이 저지른 범죄를 숨기려고 일본군 위안부를 한데 모아 죽이기도 했어요. 수치심 때문에 고향으로 돌아오지 못하고 외국에 사는 사람도 많았어요. 돌아온 사람들도 수치심 때문에 숨어 살았어요.

우리나라가 일본군 위안부 문제에 관심을 갖게 된 것은 1990년부터였어요. 1990년에 일본군 위안부 문제를 해결하기 위한 시민단체가 만들어졌어요. 1992년에는 정부에서 일본군 위안부 피해자 신고를 접수받았어요. 240여 명의 일본군 위안부 피해자가 정부에 신고를 했어요.

일본군 위안부 피해자들은 일본 정부에 "사실을 밝히고 정당한 배상을 할 것, 책임자를 처벌할 것, 진심으로 사죄할 것, 역사 교과서에 일본군 위안부에 대한 진실을 알리고 바르게 교육할 것" 등을 요구했어요. 일본군 위안부 피해자들은 1992년부터 매주 수요일마다 일본 대사관 앞에서 일본군 위안부 문제 해결을 촉구하는 집회를 하고 있어요.

하지만 일본 정부는 "일본군 위안부는 민간 사업자들이 한 일이므로 일본 정부와는 관련 없다.", "일본군 위안부는 정부에서 배상할 사안이 아니다."라면서 사과와 배상을 거부하고 있어요.

벌써 많은 일본군 위안부 할머니가 세상을 떠났어요. 일본군 위안부 문제는 하루 빨리 해결해야 할 역사적인 문제예요.

일본군 위안부 문제 해결을 위한 수요 집회

국제기구의 의견도 무시하는 일본

일본군 위안부 문제는 1992년부터 국제 연합 인권 위원회에서 논의되기 시작했어요. 그 결과 1996년에 일본군 위안부에 대한 조사 보고서가 나왔어요. 그 뒤 국제 연합에서는 계속 일본에 일본군 위안부 문제를 해결하라고 촉구하고 있어요. 1996년부터 국제 노동 기구(ILO)도 일본군 위안부 문제에 대해서 일본에 사과와 배상을 요구하고 있어요. 1994년에 국제 법률가 협회에서도 조사 보고서를 발표했어요. 2003년 미국 국회에서도 일본군 위안부 문제 해결을 위한 결의안을 채택했어요. 이 밖에도 수많은 국제기구가 일본군 위안부 문제 해결을 요구하고 있지만 일본은 이를 거부하고 있어요.

일본 관리의 역사 왜곡 발언

지금까지 수많은 일본 관리가 역사를 왜곡하는 발언들을 해 왔어요.
일본 관리의 역사 왜곡 발언을 살펴보아요.

1953년, 한일 회담 일본 대표 구보타 간이치로
일본이 36년간 조선을 지배한 것은 한국에 은혜를 베푼 것이다. 일본이 조선을 차지하지 않았더라면 중국이나 러시아가 차지했을 것이다.

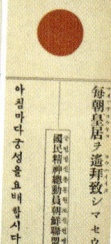

신사 참배 강요 포스터

1965년, 한일 회담 일본 대표 다카스키 신이치
일본은 조선을 지배했으나, 조선을 더 좋게 하려고 노력했다. 조선을 20년쯤 더 지배했으면 훨씬 좋아졌을 것이다.

일본 관리의 역사 왜곡을 막자.

1986년, 문부 대신, 후지오 마사유키
한일 병합 조약은 일본 측 대표인 '이토 히로부미'와 조선 왕의 합의와 담판으로 이루어졌다. 따라서 한일 병합은 조선의 대표자인 조선 왕도 책임이 있다.

일본어 사용 강요 포스터

1995년, 전 부총리 겸 외무 대신, 와타나베 미치오
일본이 조선을 다스린 적은 있지만, 식민지 지배는 아니었다. 한일 병합 조약은 무력이 아니라 합의에 의해서 체결된 것이다.

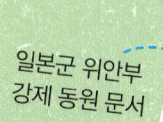
일본군 위안부 강제 동원 문서

1996년, 전 법무 대신, 오쿠노 세이스케
위안부는 일본 정부가 아니라 개인이 경영했던 사업이었다. 당시 일본 정부는 그렇게 심한 일을 하지 않았으므로 일본에 대한 자부심을 가져야 한다.

일본에 복종하도록 강요한 교육

2003년, 자민당 정조회장, 아소 다로
조선 사람들의 이름을 일본식으로 바꾼 것은 조선 사람들이 원해서 시작한 것이다. 학교를 세워 조선 사람들을 가르쳐 준 것도 일본이었다.

2005년, 문부 과학 대신, 나카야마 나리아키
일본의 교과서는 매우 자학적이었으며 일본은 나쁜 일만 했다는 식이었다. 일본의 역사 교과서에서 군 위안부나 강제 연행 같은 표현들이 줄어든 것은 정말 잘된 일이다.

2010년, 행정 쇄신 대신, 에다노 유키오
일본은 근대화를 이루었지만 중국이나 조선은 근대화를 이루지 못했다. 근대화에 실패한 중국이나 조선이 식민지로 침략을 당하는 쪽이 된 것은 역사적 필연이다.

일제가 전쟁 물자를 만들기 위해 강제로 놋그릇을 빼앗아 가는 모습

2013년, 오사카 시장, 하시모토 모로
위안부 문제는 일본만의 문제가 아니다. 미국, 영국, 한국군도 전쟁터에서는 성에 문제가 있었다.

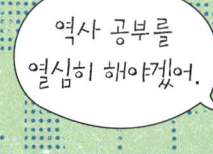
역사 공부를 열심히 해야겠어.

4. 남북통일

남한과 북한은 하나예요

광복 이후 우리나라의 역사는 순탄하지 않았어요. 1948년에 남한과 북한에 따로 정부가 세워졌고, 1950년에는 6·25 전쟁이 일어났지요. 6·25 전쟁 이후 남한과 북한은 휴전선을 사이에 두고 대치하고 있어요. 하지만 남한과 북한은 같은 역사를 공유하고 있고, 같은 역사를 만들어 가야 할 한 민족이에요. 남한과 북한이 통일이 되면 한반도에 진정한 평화가 올 거예요. 그러면 우리나라는 세계에서도 으뜸 되는 선진국이 될 수 있을 거예요.

우리나라는 남과 북으로 갈라진 분단국가예요

우리나라와 북한은 같은 나라일까요? 아니면 다른 나라일까요? 북한은 우리나라의 적일까요? 아니면 하나의 나라를 만들기 위해 협력해야 할 동반자일까요?

우리 민족은 1948년 남한 정부와 북한 정부가 따로 세워지면서 둘로 갈라졌어요. 1950년부터 1953년까지 끔찍한 전쟁까지 치렀어요. 남한과 북한은 지금도 철조망을 사이에 두고 대립하고 있어요.

전쟁은 1953년에 끝난 것 같지만 그렇지 않아요. 1953년에 맺은 것은 휴전 협정이에요. 휴전 협정이란 전쟁을 끝내는 것이 아니라 전쟁을 잠깐 중단하는 협정이에요. 언제 다시 전쟁이 일어날지도 모르는 분단 상황에서 우리는 살고 있는 것이지요.

남한의 헌법 제4조는 "대한민국은 통일을 지향하며, 자유민주적 기본 질서에 입각한 평화적 통일 정책을 수립하고 이를 추진한다."예요. 북한의 헌법에도 "자주, 평화, 민족 대단결의 원칙에서 조국 통일을 실현하기 위하여 노력한다."는 내용이 들어 있어요.

하지만 남한과 북한은 분단된 지 70년이 넘도록 통일을 이루지 못하고 있어요. 평화 통일은 앞으로 우리 민족이 꼭 해결해야 할 과제예요.

군사 분계선 표지판

군사 분계선을 지키는 군인

휴전 협정과 전쟁

1953년에 맺어진 휴전 협정은 국제 연합, 북한, 중국이 맺었어요. 우리나라는 6·25 전쟁 초기에 국제 연합군에 군대를 지휘하는 작전 통제권을 넘겼기 때문에 휴전 협정에 참여할 수 없었어요. 휴전 협정은 원칙적으로 한쪽이 일방적으로 무효화할 수 없어요. 하지만 한쪽이 일방적으로 협정을 깨트려도 막을 방법이 없어요. 그래서 어느 한쪽이 휴전 협정을 무효화한다면 다시 전쟁이 일어날 수도 있는 거지요. 하루 빨리 휴전 협정을 평화 협정으로 바꿔야 해요.

독일도 분단국가였다면서요?

독일도 1990년까지 동독과 서독으로 갈라진 분단국가였어요. 독일이 동서로 갈라진 것은 제2차 세계 대전이 끝난 뒤예요.

제2차 세계 대전을 일으킨 독일은 1945년 미국, 영국, 프랑스, 소련의 연합국에 점령당했어요. 그 뒤 세계는 미국을 중심으로 한 자본주의 진영과 소련을 중심으로 한 공산주의 진영이 서로 대립했어요. 이러한 흐름 속에서 미국, 영국, 프랑스가 점령하고 있던 지역은 하나로 통합되어 독일 연방 공화국이 되었어요. 이 나라가 서독이에요. 그리고 소련이 점령한 지역에는 독일 민주 공화국이 세워졌어요. 이 나라가 동독이에요.

서독과 동독은 분단국가였지만 우리와 많은 부분에서 달랐어요. 먼저 동독과 서독은 서로 계속 교류했어요. 자유롭게 무역을 했고, 사람들도 비교적 자유롭게 왕래를 할 수 있었어요. 분단 초기부터 1년에 백만 명 이상의 사람들이 동독과 서독을 오갔어요. 시간이 지나면서 오가는 것을 막기도 했지만 완전히 막지는 않았어요. 그리고 텔레비전과 라디오도 서로 보고 들을 수 있었어요.

1990년에 이루어진 독일 통일에는 여러 가지 이유가 있었지만, 이러한 서독과 동독의 활발한 교류도 중요한 역할을 했답니다.

독일의 통일 당시 베를린 장벽이 무너지는 모습

"독일도 예전에는 우리나라처럼 분단국가였다면서요?"

"맞아! 분단국가였지만 우리랑은 다르게 서독과 동독의 교류가 활발했지."

서독 자본주의 진영
동독 공산주의 진영

"동독과 서독은 자유롭게 오갈 수 있었어."

"우린 서로 무역도 했다고."

"동독 뉴스도 서독 뉴스도 자유롭게 보고 들을 수 있었지."

 분단을 경험한 국가

베트남과 예멘도 독일처럼 분단국가였어요. 일본의 지배를 받던 베트남은 제2차 세계 대전이 끝난 후 독립했지만 프랑스, 미국 등의 개입으로 남과 북으로 나눠졌어요. 베트남은 전쟁을 통해서 1976년에 통일이 되었어요. 예멘은 제1차 세계 대전이 끝난 후 영국이 남예멘을 점령하면서 남과 북으로 갈라졌어요. 남예멘과 북예멘은 무력 충돌이 있었지만 서로 대화를 통해서 1990년에 통일됐어요.

우리나라는 왜 남과 북으로 갈라졌어요?

1945년 8월 15일 우리나라는 일본으로부터 독립했어요. 우리나라 사람들은 새로운 나라를 만들 희망에 들떠 있었어요. 하지만 새로운 나라를 만드는 일은 순조롭지 않았어요.

광복 이후 미군과 소련군이 일본군을 몰아낸다는 이유로 우리나라에 들어왔어요. 그런데 미국은 우리나라를 자본주의 나라로 만들고 싶어 했고, 소련은 공산주의 나라로 만들고 싶어 했어요. 우리나라 사람들도 자본주의와 공산주의로 갈라져 온 나라가 혼란스러워졌어요.

미국, 소련, 영국은 우리나라가 제대로 된 나라를 세울 수 있을 때까지 미국, 영국, 중국, 소련이 우리나라를 통치하기로 결정했어요. 이 결정을 찬성하는 쪽과 반대하는 쪽으로 나뉘어 나라는 더욱 혼란스러워졌어요.

미국과 소련은 우리나라 정부를 어떻게 세울 것인지 논의했지만 아무런 결론도 내지 못했어요. 그러자 미국과 국제 연합은 남한만이라도 선거를 해서 정부를 만들자고 했어요. 김구를 비롯한 많은 사람이 남한만의 선거를 반대했어요. 제주도에서는 남한만의 선거를 반대하면서 무장 봉기가 일어났는데, 봉기를 진압하는 과정에서 수많은 사람이 목숨을 잃었어요. 이런 반대에도 불구하고 1948년 남한만의 선거가 치러졌고, 8월 15일 남한 정부가 세워졌어요. 북한에서도 9월 9일에 정부를 만들었지요. 이렇게 해서 우리나라는 남과 북으로 갈라졌어요.

새로운 나라를 건설하려는 우리 민족의 노력

우리나라가 독립하기 전부터 일본이 망할 것이라고 생각했던 독립운동가들은 우리 힘으로 새로운 나라를 세울 준비를 했어요. 나라 밖에서는 김구를 중심으로 한 대한민국 임시 정부가 민주 공화국을 세울 준비를 했고, 나라 안에서는 여운형을 중심으로 한 건국 동맹이 광복 후를 대비했어요. 광복이 되자 새로운 나라를 세우기 위해 가장 먼저 움직인 것은 건국 동맹을 중심으로 만들어진 조선 건국 준비 위원회였어요. 이 외에도 정부를 세우기 위한 여러 정당과 사회단체가 만들어졌어요. 그러나 다양한 세력들의 뜻을 하나로 모으지 못해 새로운 나라를 만드는 일은 순조롭게 진행되지 못했어요.

조선 건국 준비 위원회를 발족하는 여운형

6·25 전쟁은 왜 일어났어요?

1948년 남과 북에 2개의 정부가 세워졌지만 남한과 북한은 다른 쪽 정부를 인정하지 않았어요. 그러다 보니 북위 38도선 부근에서는 크고 작은 전투가 끊이지 않았어요.

1950년 6월 25일, 선전포고도 없이 북한군이 북위 38도선을 넘어 남한을 침략해 왔어요. 그동안 전쟁을 준비한 북한군은 거칠 것 없이 진격해서 전쟁이 시작된 지 두 달 만에 경상도 일부 지역을 제외한 남한의 전 지역을 차지했어요. 이승만 정부는 부산으로 정부를 옮겨야 했지요.

국제 연합은 남한을 돕기 위해 미국을 중심으로 16개국이 참여한 국제 연합군을 보냈어요. 국군과 국제 연합군은 북쪽으로 밀고 올라가 대부분의 북한 땅을 점령했어요. 그러자 이번에는 중국이 같은 공산주의 국가인 북한을 돕기 위해 수많은 군사를 보냈지요. 국군과 국제 연합군은 한강 이남까지 밀렸다가 다시 북위 38도선까지 치고 올라갔어요. 그 뒤 북위 38도선을 중심으로 밀고 밀리는 전투가 3년 동안 계속됐지요. 1953년 7월 27일 휴전 협정을 맺고 전쟁은 멈추었어요.

전쟁은 남한과 북한 모두에게 큰 상처를 주었어요. 전쟁으로 500만 명이 넘는 사람이 죽거나 다쳤으며 천만 명이 가족과 헤어졌어요. 공장, 철도, 도로, 항구 등 주요 시설은 파괴됐고, 농지도 황폐해졌어요. 우리 민족은 큰 상처를 입었고, 평화 통일이라는 민족적 과제를 안게 되었습니다.

폭격 당하는 원산 시내

1·4 후퇴 때 남쪽으로 향하는 피난민

6·25 전쟁으로 500만 명이나 넘는 사람이 죽거나 다쳤어.

게다가 천만 명이 가족과 헤어졌단다. 가족이 남과 북에 흩어져 있어서 못 만나는 사람도 많지.

가족과 헤어지다니……. 전쟁이 다시는 일어나지 않아야겠어요.

 북위 38도선과 휴전선

1945년 지도상 북위 38도를 기준으로 미국과 소련은 통치할 지역을 정했어요. 그런데 남과 북에 따로 정부가 세워지면서 북위 38도선은 남북을 가르는 경계선이 되었어요. 휴전선은 6·25 전쟁 이후 휴전 협정이 체결되면서 그때까지 남한과 북한이 차지하고 있던 지역을 경계로 해서 그은 군사 분계선이에요. 휴전선은 북위 38도선에 비교해서 동쪽은 북으로 올라갔고, 서쪽은 남으로 내려왔어요.

북위 38도선과 휴전선

언제부터 미군이 우리나라에 있었어요?

우리나라의 곳곳에서 미군 부대를 볼 수 있어요. 우리나라에 언제부터 미군이 들어왔을까요?

미군이 우리 역사에 처음 등장한 것은 1871년이에요. 미국의 군함이 강화도에 쳐들어와 조선의 문을 열 것을 요구했어요. 하지만 당시 조선에서는 흥선 대원군이 다른 나라와 교류하지 않는 쇄국 정책을 강력하게 펼치고 있을 때였어요. 흥선 대원군은 미국과의 협상을 거부하고 전투를 벌였지요. 한 달여 동안의 전투 끝에 미군은 강화도에서 물러갔어요. 이 사건이 우리 역사에 미군이 최초로 등장한 신미양요예요.

본격적으로 미군이 우리나라에 들어온 것은 광복 이후였어요. 1945년에 일본이 연합국에 항복을 하자 미군과 소련군은 일본군을 무장해제 시킨다며 우리나라에 들어왔어요. 북위 38도선을 기준으로 북쪽은 소련군이 장악했고, 남쪽은 미군이 장악했어요. 이때부터 미군이 남한 정부가 세워진 1948년까지 우리나라를 통치했어요.

미군은 1948년에 5월 10일 남한에서 총선거가 실시되고, 8월 15일 이승만 정부가 세워지자 군사 고문단 500명을 남기고 남한 땅을 모두 떠났어요. 그런데 1950년 6·25 전쟁이 일어나자 국제 연합군의 일원으로 북한군을 물리치려고 우리나라에 다시 들어왔어요. 이때부터 미군은 계속해서 우리나라에 머물러 있게 되었어요.

 미국과의 첫 만남, 신미양요

신미양요는 1871년에 미국 군함이 강화도 해협에 침입한 사건이에요. 1866년에 미국의 무역선 제너럴셔먼호가 통상을 요구하면서 평양까지 올라와 난동을 부리다가 배가 불태워지는 사건이 있었어요. 미군은 5년이 지난 뒤, 이 일을 빌미 삼아 강화도에 쳐들어왔어요. 조선의 군인과 백성들은 힘을 모아 미군을 몰아냈지요.

신미양요 때 우리나라에 쳐들어온 미군

서해안 북방 한계선에서는 왜 전투가 자주 일어나나요?

　1999년, 서해 연평도 부근 바다에서 남한과 북한의 무력 충돌이 있었어요. 이 전투로 북한 함정은 침몰했고 수십 명의 북한군이 목숨을 잃었어요. 2002년에도 서해 연평도 부근 바다에서 싸움이 일어나 우리나라 해군 6명이 목숨을 잃었어요. 이 두 싸움은 서해안 북방 한계선(NLL)을 북한 군함이 넘어왔기 때문에 일어났어요. 이 밖에도 서해안 북방 한계선 주변에서는 크고 작은 충돌이 많았어요. 2010년에는 북한이 연평도에 포탄 170여 발을 쏘아 우리나라 군인과 주민 4명이 목숨을 잃었지요.

　서해안 북방 한계선에서 충돌이 있을 때마다 남한은 북한군이 불법 침입을 했다고 주장하고, 북한은 남한 책임이라고 주장해요. 남한과 북한이 서로 다른 주장을 하는 이유는 뭘까요?

　1953년 휴전 협정 당시 육지에 대한 경계선은 합의가 되었지만 바다 경계선은 명확하게 정리되지 않았어요. 서해안 북방 한계선은 1953년 8월, 국제 연합군이 남한 해군에게 더 이상 북쪽으로 올라가지 못하도록 그은 선이에요. 북한과 합의 없이 국제 연합군이 임시로 그은 선이었지요.

　시간이 지나면서 남한에서는 서해안 북방 한계선은 남한과 북한의 바다 경계선처럼 생각했어요. 하지만 북한과 합의를 보지 않았기 때문에 북한은 이것을 인정하지 않았어요.

　북한은 1973년에 바다 경계선을 발표했는데, 서해안 북방 한계선보다

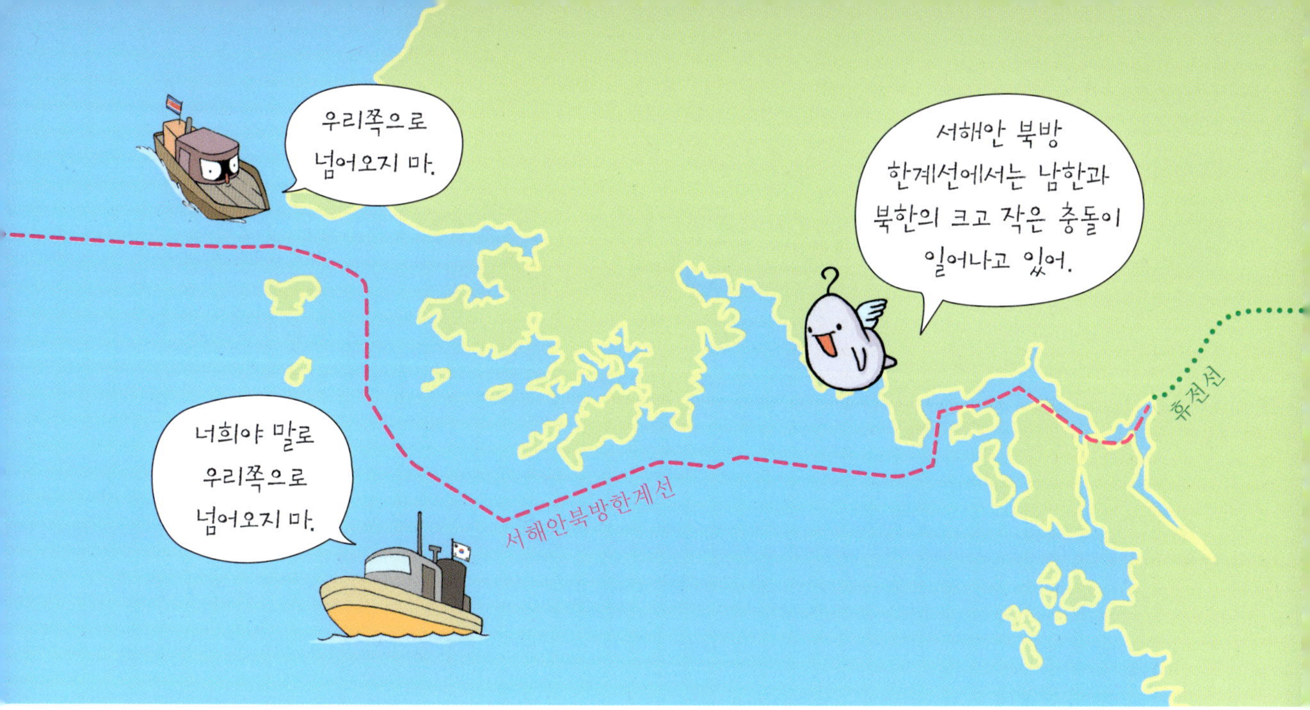

서해안을 지키는 우리나라 해군

훨씬 남쪽으로 내려와 있었어요. 우리 정부는 북한이 주장하는 바다 경계선을 인정하지 않았는데도 북한 해군은 서해안 북방 한계선을 자주 넘어오기 시작했어요. 이런 이유 때문에 서해안 북방 한계선을 놓고 충돌이 계속되는 거예요.

서해안 북방 한계선과 남북의 협의 내용

남한과 북한은 1991년에 서해안 북방 한계선에 대해 "확정될 때까지는 쌍방이 지금까지 관할해 온 구역을 경계선으로 한다."고 합의했어요. 이 합의에 따르면 지금까지 관리해 온 서해안 북방 한계선 남쪽 지역이 우리의 바다라고 할 수 있어요. 하지만 북한은 이를 인정하지 않았어요. 북한은 2006년에 서해안 북방 한계선을 다시 설정하자고 공식적으로 요구했어요. 2007년 남북 정상 회담에서는 고기잡이 등을 함께할 수 있는 서해 평화 협력 지대를 정하자고 합의를 봤지만 그 뒤 논의가 중단됐어요.

북한은 어떤 곳이에요?

북한의 행정 구역

북한의 정식 이름은 '조선 민주주의 인민 공화국'이에요. 우리는 남한, 북한이라고 부르지만 북한에서는 남조선, 북조선이라고 불러요.

북한의 국토 크기는 123,138㎢로 99,720㎢인 남한보다 더 넓어요. 한반도 전체를 놓고 보면 북한 땅이 55%, 남한 땅이 45% 정도예요. 인구는 약 2,300만 정도로 남한 인구의 절반 정도예요.

북한의 행정 구역은 크게 직할시, 특별시, 도 등으로 이루어져 있어요. 직할시는 북한의 수도인 평양이에요. 남한에서는 수도인 서울을 특별시라고 부르는데, 북한에서는 직할시라고 불러요. 북한의 특별시는 라선, 남포처럼 외국과의 경제 협력 등을 위해 특별히 만든 도시를 뜻해요. 그리고 도는 모두 9개로 황해남도, 황해북도, 강원도, 평안남도, 평안북도, 함경남도, 함경북도, 량강도, 자강도가 있어요.

북한은 공산주의 경제 체제를 유지하고 있어요. 2011년 현재 국민 총소득이 32조 정도로, 북한의 경제 규모는 한국의 $\frac{1}{38}$ 수준밖에 되지 않아요. 일인당 국민 소득도 133만 원 정도에 불과해 세계에서 가장 가난한 나라

거대한 김일성 동상 북한은 김일성을 우상화하여 거대한 동상과 기념비를 만들어서 숭배하고 있어요.

에 속해요.

북한은 예전에 왕들처럼 최고 권력을 자손에게 대대로 물려주고 있어요. 김일성은 1948년부터 1994년까지 거의 50년 동안 북한을 다스렸고, 그 후에는 아들 김정일이 2011년까지 20년 가까이 북한을 다스렸어요. 지금은 김정일의 아들인 김정은이 최고 권력자가 되었어요.

 북한의 최고 권력자, 김정은

북한에서 가장 높은 자리는 최고 인민회의 상임 위원장이에요. 2013년 현재 최고 인민회의 상임 위원장은 김영남이에요. 하지만 이것은 이름뿐이고 실질적인 최고 지도자는 김정은 국방 위원장이에요. 김정은은 2010년 9월 27일 인민군 대장이 되었고, 조선 노동당 중앙 군사 위원회 부위원장이 되었어요. 2011년 김정일이 죽자 김정일의 아들, 김정은이 28살의 나이에 북한의 최고 권력자가 되었어요.

북한은 정말 핵무기를 가지고 있어요?

2013년 2월 12일, 북한은 핵 실험을 성공했다고 공식 발표했어요. 뒤이어 외국 언론들도 북한이 핵 실험을 성공했다고 보도했어요. 그동안 국제 사회는 북한이 핵무기를 개발하지 못하도록 여러 가지 압력을 가했지만 소용이 없었어요.

북한은 '핵 확산 금지 조약'에 1985년에 가입했다가 2003년에 탈퇴했어요. 핵 확산 금지 조약은 핵무기를 보유하지 않은 나라가 핵무기를 개발하지 못하도록 규제하는 국제 조약이에요. 북한은 핵 확산 금지 조약에서 탈퇴한 뒤, 2006년에 첫 핵 실험을 했고, 2013년에 핵 실험에 성공했다고 발표한 거예요.

핵무기는 세계 평화를 위협하는 무시무시한 무기예요. 만약 서울에 1메카톤급 핵폭탄이 떨어지면 무려 천만 명이 넘는 사람이 죽을 거라고 해요. 방사능으로 인한 피해도 엄청나고요. 그래서 전 세계는 북한이 핵무기를 제조하지 못하도록 압력을 가하고 있어요.

2012년 12월 12일, 북한은 인공위성 발사에 성공했어요. 북한이 인공위성을 쏘아 올리자 미국을 비롯한 세계 여러 나라가 걱정하고 있어요.

인공위성을 쏘아 올릴 수 있다는 것은 대륙을 가로지를 수 있는 미사일을 만들 능력이 있다는

북한 핵 시설

거예요. 다시 말해 북한이 미국을 포함해 세계 어디로든 핵미사일을 쏠 수 있게 됐다는 뜻이지요. 그래서 미국을 비롯한 세계 여러 나라가 걱정하는 거랍니다.

 역사 이슈
핵 확산 금지 조약과 국제 원자력 기구

핵 확산 금지 조약(NPT)은 1968년에 만들어져 1970년부터 실시된 조약이에요. 이 조약에서는 이미 핵무기를 보유한 러시아, 중국, 영국, 프랑스를 제외한 다른 나라는 핵무기를 보유하지 못하도록 금지하고 있어요. 이를 위해서 국제 원자력 기구(IAEA)를 만들어 어느 나라가 핵무기를 만드는지 감시하고 있어요. 그러나 이 조약이 불평등하다면서 핵무기를 만든 나라도 있어요. 바로 인도, 파키스탄, 이스라엘 등이에요. 북한은 2003년에 핵 확산 금지 조약에서 탈퇴를 선언하고 2006년에 핵 실험을 했어요.

북한 사람들이 굶주리고 있어요

북한은 1990년대 중반부터 심각한 식량 부족 문제를 겪고 있어요. 지금까지 먹을 것이 없어서 굶어 죽은 사람이 백만 명이 훨씬 넘을 것이라고 해요. 북한이 식량난에 빠진 것은 여러 이유가 있어요.

먼저 1990년대 이후 거듭된 자연재해 때문이에요. 1995년과 1996년에는 큰 홍수가, 1998년에는 심한 가뭄이 들었어요. 그 뒤에도 크고 작은 자연재해 때문에 흉년이 들어 곡물의 생산량이 크게 줄었지요. 게다가 국제 식량 가격이 크게 올랐어요.

국민들이 굶주림에 시달리는 데도 북한 정부는 많은 돈을 국방비로 쓰고 있어요. 북한은 나라가 어려워지자 나라를 지키기 위해서는 강한 군사력이 필요하다고 생각했어요. 식량이 부족한 상황에서도 북한은 식량을 구입하는 데 돈을 쓰지 않고 있어요. 오히려 핵과 장거리 미사일 등을 개발하는 데 어마어마한 돈을 사용하고 있지요.

북한은 개인이 자기 땅을 가지는 것이 아니라 국가 소유인 협동농장에서 모두가 함께 일하고 수확한 식량을 나눠 줘요. 열심히 일을 한다고 해서 더 많이 얻는 것이 아니기 때문에 일할 의욕이 떨어지고 수확량도 줄어들 수밖에 없어요. 또한 농사를 짓는 데 필요한 비료, 농기계, 농약 등도 부족해요. 이런 여러 가지 이유로 북한에서는 아직도 수많은 사람이 굶주리고 있어요.

식량난을 벗어나려는 희망을 담은 북한의 카드 섹션

굶주리는 북한 어린이들

아이들이 배가 고파서 그런지 기운이 하나도 없네요.

굶주리는 아이들이 불쌍해요.

계속 흉년이 드는데다 많은 돈을 국방비로 쓰기 때문에 식량을 살 돈이 부족하단다.

 식량 부족 때문에 북한을 탈출한 새터민

북한에는 사상과 언론의 자유가 없어요. 독재 체제를 비판하는 사람들을 가혹하게 탄압하지요. 1990년대 이전에는 주로 북한을 비판한 사람들이 북한을 탈출했어요. 그런데 1990년대 후반부터는 굶주림을 견디다 못해 북한을 탈출하는 사람들이 늘었어요. 이 사람들을 '새터민'이라고 불러요. 새터민은 새로운 터전에서 삶을 시작한 사람이라는 뜻이에요. 2018년 현재까지 약 3만여 명이 북한을 탈출해 우리나라로 왔어요.

남북통일을 왜 해야 해요?

남북통일은 전쟁의 공포에서 벗어나 평화로운 세상을 만들기 위해서 필요해요. 전쟁이 다시 일어나면 남한과 북한 모두 엄청난 고통을 받을 수밖에 없어요. 전쟁을 막고 평화롭게 살 수 있는 가장 확실한 방법이 통일이에요.

남북통일은 우리나라의 경제 발전을 위해서도 필요해요. 북한에는 지하자원이 많고 남한은 높은 기술력을 가지고 있어요. 통일이 되면 자원과 기술을 효율적으로 사용할 수 있어요.

또한 인구와 국토가 늘어나기 때문에 그만큼 경제 규모도 커져요. 전쟁을 대비하느라 썼던 국방비도 경제 발전과 국민들의 복지에 사용할 수 있어요. 이뿐만 아니라 대륙을 횡단하는 철도를 건설할 수 있어요. 기차를 타고 아시아를 건너 유럽까지 갈 수 있지요.

남북통일은 역사적 정통성과 민족 문화를 회복하기 위해서도 필요해요. 우리 민족은 같은 역사와 문화를 공유했어요. 하지만 분단으로 남한과 북한의 생활과 생각 등이 서로 많이 달라졌어요. 하나였던 원래 상태로 되돌아가는 것이 통일이지요. 또한 남한과 북한이 갈라지면서 가족과 떨어져 사는 이산가족들의 아픔을 치유하려면 통일은 반드시 필요해요.

남북통일은 남한과 북한 국민 모두가 평화롭게 살기 위해서도 꼭 필요해요.

2000년, 만남 후에 헤어지는 이산가족

6·25 전쟁 때문에 헤어진 이산가족

우리나라가 남북으로 갈라지면서 가족과 헤어진 이산가족은 천만 명 정도예요. 이산가족을 서로 만나게 해 주자는 남한과 북한의 논의는 1971년부터 시작되었어요. 하지만 실제로 만나지는 못하다가 1985년에 첫 이산가족의 만남이 이루어졌어요. 당시 남한의 35명과 북한 30명이 가족을 만났어요. 그 뒤 다시 15년 동안 만남이 이루어지지 않았어요. 2000년 남북 정상 회담이 이루어지면서 본격적인 이산가족의 만남이 이루어졌어요. 하지만 남북 간의 관계가 안 좋아지면 이산가족의 만남도 끊어지는 일이 되풀이되고 있어요.

남북통일

통일을 위해 남북 정부는 어떤 노력을 했어요?

남한과 북한이 처음으로 공식적인 대화를 시작한 것은 1971년, 남북 적십자 회담이에요. 이때 이산가족 문제가 논의됐어요.

1972년에는 남한과 북한 정부가 7·4 남북 공동 성명을 발표했어요. 이 성명서에 통일에 대한 중요한 세 가지 원칙이 담겨 있어요.

첫째는 통일은 외국에 의존하거나 간섭을 받지 않고 자주적으로 해결해야 한다는 것이고, 둘째는 통일은 무력이 아닌 평화적인 방법으로 실현해야 한다는 거예요. 셋째는 사상·이념·제도의 차이를 넘어서 하나의 민족으로 민족적 대단결을 해야 한다는 것이지요. 하지만 7·4 남북 공동 성명은 잘 지켜지지 않았어요.

1990년부터 남북 정부 당국자 간의 회담이 크게 늘어났어요. 1991년에 남한과 북한 정부는 '남북한 사이의 화해와 불가침 및 교류 협력에 관한 합의서'를 채택했지만 잘 지켜지지 않았어요.

남북한 사이의 화해와 불가침 및 교류 협력에 관한 합의서

▶ **제1조** 남과 북은 서로 상대방의 체제를 인정하고 존중한다.
▶ **제9조** 남과 북은 상대방에 대하여 무력을 사용하지 않으며 상대방을 무력으로 침략하지 아니한다.
▶ **제17조** 남과 북은 민족 구성원들의 자유로운 왕래와 접촉을 실현한다.

2000년에 김대중 대통령과 김정일 국방 위원장이 정상 회담을 하고 '6·15 남북 공동 선언'을 발표했어요. 정상 회담을 계기로 남북 관계는 획기적으로 발전하게 되었어요. 개성공단, 금강산 관광, 남북 이산가족 만남 등의 교류가 크게 늘어났지요. 2007년 노무현 대통령도 북한을 방문해서 김정일 위원장과 정상 회담을 했어요.

2000년 남북 정상 회담

이명박 정부는 대북 정책에서 서로 혜택을 주고받는 상호주의를 강조했어요. 그러나 금강산 관광객의 피살 사건, 북한의 핵 실험 강행 등으로 남북 교류와 대화가 크게 줄어들었어요. 이후 문재인 정부에서는 남북 정상 회담을 추진하는 등 남북의 교류와 협력을 위해 노력하고 있어요.

2003년 금강산 육로 관광

남한과 북한 사이에 있었던 주요 사건

남한과 북한에 정부가 따로 세워진 뒤부터 지금까지 남한과 북한 사이에는 많은 일이 있었어요. 그중에서 중요한 사건을 살펴보아요.

1948년 — 남한과 북한에 정부가 따로 세워졌어요. (사진은 5·10 총선거 모습)

1950년 — 6·25 전쟁이 일어났어요.

1971년 — 남북 적십자 회담이 열렸어요.

1972년 — 7·4 남북 공동 성명이 발표됐어요.

1984년 — 남한이 홍수가 나자 북한에서 수해 물품을 보냈어요.

1991년 — 남한과 북한이 국제 연합에 동시에 가입했어요. '남북한 사이의 화해와 불가침 및 교류 협력에 관한 합의서'가 채택됐어요.

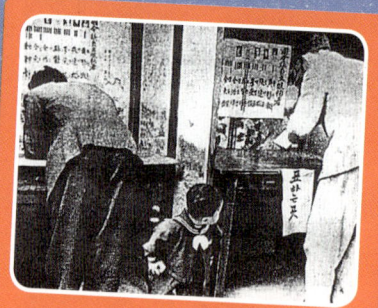

남북이 갈라진 이후에 남과 북 사이에 많은 일이 있었어.

남북 정상 회담이 열렸고, 6·15 남북 공동 선언이 발표됐어요.

정주영 현대 그룹 명예회장이 소 떼를 몰고 북한을 방문했어요.

1998년

2000년

이산가족의 만남이 서울과 평양에서 이루어졌어요.

2002년

서해안 북방 한계선에서 서해 교전이 일어났어요.

북한이 핵 확산 금지 조약(NPT)에서 탈퇴했어요.

2003년

개성 공단 건설 사업을 시작했어요.

북한이 첫 번째 핵 실험을 했어요.

2006년

2007년

두 번째 남북 정상 회담이 열렸어요.

북한이 두 번째 핵 실험을 했어요.

2009년

북한에서 인공위성을 쏘아 올렸어요.

2012년

하루 빨리 통일이 됐으면 좋겠어.

2013년

북한이 세 번째 핵 실험을 했어요.

북한이 네 번째, 다섯 번째 핵 실험을 했어요.

2016년

북한이 여섯 번째 핵 실험을 했어요.

2017년

5. 국제 분쟁 I

중동과 아시아 곳곳에서 싸움이 끊이지 않아요

세계는 전쟁 없는 평화로운 나라를 모두 꿈꾸고 있어요. 그렇지만 아직도 세계 곳곳에서는 싸우는 나라가 많아요. 싸움의 이유는 여러 가지예요. 어떤 나라는 영토 때문에 싸우기도 하고, 어떤 나라는 종교 때문에 싸우기도 하지요. 또 어떤 나라는 같은 민족끼리 따로 독립을 하려고 싸워요. 하지만 대부분 여러 문제가 복잡하게 얽혀 있어요. 중동과 아시아 곳곳에서도 싸움이 자주 일어나요. 특히 중동 지역은 싸움과 테러가 끊이지 않지요.

국제 분쟁 I

국제 분쟁과 테러

지구촌 곳곳에는 분쟁이 끊이지 않아요. 한 국가 안에서, 또는 이웃한 국가들 사이에 분쟁이 계속되고 있지요. 그런데 국제 분쟁에는 테러가 뒤따르는 경우가 많아요.

2001년 미국 뉴욕에서 발생한 9·11 테러 이전까지만 하더라도, 테러는 몇몇 사람들이 모여 비교적 약한 무기를 사용하는 정도였어요. 피해자도 전쟁과 비교할 때 그다지 많지 않았어요. 그런데 9·11 테러가 발생하고 나서, 테러의 규모가 크게 달라졌습니다.

9·11 테러는 죄 없는 보통 사람들을 대상으로 벌어진 대규모 범죄 행위였어요. 이제 테러는 한 순간에 지구촌의 종말을 가져올 수 있을 정도로 위험해졌어요. 테러리스트들은 정치적 목적을 위해서라면 수단과 방법을 가리지 않고, 폭력을 사용하겠다고 위협합니다.

9·11 테러 이후 테러가 또 다른 테러를 불러일으키고 있어요. 9·11 테러 이후 수많은 민간인이 희생당했습니다. 그러자 미군이 테러리스트를 잡겠다며 아프가니스탄과 이라크에 엄청난 포탄을 퍼부었어요. 그 포탄에 어린이와 부녀자들을 포함한 수많은 민간인이 죽었습니다. 또다시 테러리스트들은 미군에 맞서려고 차량 폭탄 테러 등 크고 작은 테러를 저지르지요.

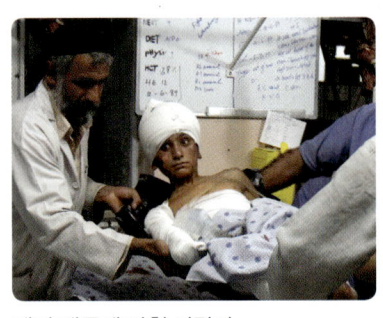

테러 때문에 다친 어린이

팔레스타인과 이스라엘은 왜 끊임없이 싸워요?

테러가 테러를 부르는 지역이 있습니다. 바로 '팔레스타인'이에요. 팔레스타인은 이스라엘을 포함한 지중해의 동남부 지역을 가리켜요. 《구약 성서》에는 '젖과 꿀이 흐르는 가나안 땅'이라고 쓰여 있어요. 오늘날의 요르단, 이스라엘, 요르단 강 서안(서안 지구)과 가자 지구를 포함한 지역을 말합니다. 그렇지만 이스라엘과 대립하고 있는 '팔레스타인 자치 지구'를 뜻하는 경우가 많습니다.

이스라엘의 건국과 팔레스타인

1948년에 유대 인이 팔레스타인에 이스라엘을 세우면서부터 팔레스타인에 싸움이 끊이지 않게 되었습니다. 유대 인은 기원전 1500년 무렵부터 팔레스타인에 살았는데 135년에 로마에 의해 팔레스타인에서 쫓겨났어요. 그 뒤 유대 인은 세계 곳곳에 흩어져 살았지요.

유대 인은 1800년부터 팔레스타인에 자신들의 나라를 세워야 한다고 주장하기 시작했어요. 이 운동을 '시오니즘'이라고 해요. 제1차 세계 대전 이후 영국의 식민지였던 팔레스타인에 유대 인이 들어와 살기 시작했어요. 이때부터 유대 인과 팔레스타인 사람들의 싸움이 시작됐어요. 게다가 제2차

팔레스타인 지역 지도

세계 대전때 유대 인 학살이 일어나자 많은 유대 인이 팔레스타인으로 몰려들었지요. 결국 1948년에 국제 연합의 도움으로 유대 인은 팔레스타인에 이스라엘을 세웠어요. 수천 년 동안 팔레스타인에서 살던 팔레스타인 사람들이 자기네 땅에서 쫓겨나게 된 거예요. 시리아와 요르단을 비롯한 주변의 아랍 국가들도 종교가 다른 이스라엘의 건국을 반대했지요.

네 차례의 중동 전쟁과 팔레스타인 해방 기구

이스라엘이 세워지자 중동 지역에서는 전쟁이 네 번이나 일어났어요. 전쟁은 모두 이스라엘의 승리였어요. 전쟁으로 수많은 팔레스타인 사람들이 목숨을 잃었고, 100만 명이 넘는 난민이 발생하였어요. 팔레스타인 사람들은 유대 인을 증오하게 됐지요.

땅을 빼앗긴 팔레스타인 사람들도 가만히 있지 않았어요. 잃어버린 땅을 되찾기 위해 1964년에 '팔레스타인 해방 기구(PLO)'를 결성하여 이스라엘에 맞섰지요. 1969년에 팔레스타인 해방 기구의 의장이 된 아라파트는 끊임없이 이스라엘에 맞섰어요.

1987년에는 팔레스타인 사람들이 가자 지구와 서안 지구에서 들고 일어났어요. 이 과정에서 이스라엘 군의 공격으로 천여 명이 목숨을 잃었어요. 이것을 '1차 인티파다'라고 불러요. 인티파다는 아랍 말로 '반란' 또는 '봉기'라는 뜻이에요.

팔레스타인과 이스라엘의 평화 협정

1993년이 되어서야 팔레스타인과 이스라엘은 평화 협정을 맺었어요. 평화 협정의 체결로 팔레스타인 사람들은 가자 지구와 요르단 강 서안 지구에 '팔레스타인 자치 정부'를 세울 수 있었어요. 하지만 팔레스타인의 평화는 그리 오래 가지 않았어요.

2000년 9월, 이스라엘의 정치인이 예루살렘의 이슬람 성지를 찾아가 팔레스타인 사람들을 모욕하는 바람에 '2차 인티파다'가 일어났고, 이스라엘은 시위대를 무차별적으로 공격했어요.

이스라엘과 팔레스타인 자치 정부가 수도로 삼는 예루살렘

2004년에 팔레스타인 자치 정부를 이끌던 아라파트가 죽고 나서, '하마스'라는 단체가 팔레스타인 자치 정부를 이끌었어요. 하마스는 이스라엘을 팔레스타인 자치 지구에서 쫓아내려고 자살 폭탄 공격을 자주 일으켰어요. 그러면 이스라엘은 곧장 팔레스타인 마을을 파괴하는 등 보복을 해서 악순환이 계속되고 있어요.

 유대교·이슬람교·기독교의 성지, 예루살렘

이스라엘과 팔레스타인 자치 정부 모두 예루살렘을 자신들의 수도라고 주장하고 있어요. 예루살렘은 유대교와 이슬람교를 믿는 사람들에게 매우 중요한 곳이기 때문이에요. 이슬람교도에게는 창시자 무함마드가 승천한 바위 사원이 있는 곳이고, 유대 인에게는 솔로몬이 세운 최초의 성전과 '통곡의 벽'이 있는 곳이에요. 이뿐만 아니라 예루살렘은 기독교인들에게도 중요한 곳이지요. 예수가 못 박혀 죽은 뒤 부활한 '성 분묘 교회'가 있는 곳이거든요. 그래서 이스라엘도 팔레스타인 자치 정부도 예루살렘을 양보하지 않으려고 한답니다.

9·11 테러는 왜 일어났어요?

2001년 9월 11일 아침, 비행기 두 대가 세계 금융의 중심지이자 미국 경제의 상징인 세계 무역 센터 쌍둥이 빌딩을 차례로 들이받았습니다. 곧 불길이 치솟고, 이제 막 출근한 사람들은 서둘러 건물을 빠져나가려고 허둥거렸어요. 이윽고 쌍둥이 빌딩이 허무하게 무너져 내렸어요. 비슷한 시간에 미국 국방부도 공격을 받았습니다. 이 장면은 텔레비전을 통해 전 세계에 중계되었어요. 사람들은 할 말을 잃은 채 멍하니 텔레비전 화면에서 눈을 떼지 못했어요. 상상도 못해 봤던 일이 눈앞에서 벌어졌으니까요. 이 사건으로 3천 명에 가까운 사람이 목숨을 잃었어요.

9·11 테러를 일으킨 알카에다

이 사건은 9월 11일에 일어나서 '9·11 테러'라고 해요. '테러'란 다른 사람들을 공포에 빠뜨리려고 폭력을 쓰는 거예요. 또 테러를 저지르는 사람을 '테러리스트'라고 하지요. 테러리스트들은 정치적 목적을 위해서라면 죄 없는 사람들을 다치게 하거나 죽이는 일도 서슴치 않아요.

미국 정부의 조사 결과, 9·11 테러는 사우디아라비아 출신의 오사마 빈 라덴이 이끄는 이슬람 집단 '알카에다'가 저지른 것으로 밝혀졌어요. 테러리스트들은 승객들이 가득 탄 비행기를 마치 미사일처럼 건물에 충돌하게 해 건물을 폭발하게 했어요.

알카에다의 공격으로 불타는 세계 무역 센터 빌딩

미국, '테러와의 전쟁' 선포

9·11 테러가 일어나자, 미국 사람들은 어마어마한 공포와 슬픔에 휩싸였습니다. 동시에 엄청난 분노를 느꼈어요. 미국의 조지 부시 대통령은 곧장 '테러와의 전쟁'을 선포했습니다.

미국의 첫 번째 목표는 9·11 테러를 일으킨 오사마 빈라덴을 잡는 것이었습니다. 미국은 오사마 빈라덴을 보호하고 있는 아프가니스탄을 침공했어요. 뒤이어 이라크에 쳐들어갔지요. 그 결과 미국은 아프가니스탄의 탈레반 정부를 무너트리고, 이라크의 독재자 사담 후세인을 처형했어요.

테러와의 전쟁이 선포되고 10년이 지난 2011년 5월 1일, 9·11 테러를 일으킨 오사마 빈라덴이 마침내 미군의 총에 맞아 죽었습니다. 이로써 테러를 일으키는 이슬람 세력은 급속히 힘을 잃었어요.

알카에다가 미국을 공격한 까닭

그런데 알카에다가 미국을 공격한 까닭은 무엇일까요? 중동의 이슬람 교도는 대부분 미국을 싫어해요. 하지만 이들이 미국을 싫어하게 된 것은 그리 오래되지 않았어요. 중동의 이슬람 국가는 대부분 영국과 프랑스의 지배를 오랫동안 받았지요. 그런데도 영국과 프랑스보다 미국을 더 싫어하는 이유는 이스라엘 때문이에요.

미국은 이스라엘과 이슬람 국가 사이에 분쟁이 있을 때마다 이스라엘을 편들었어요. 예를 들어, 이스라엘이 핵무기를 갖고 있다고 하는데도 미국은 이스라엘의 핵무기를 없애기 위해 아무런 노력을 하지 않았어요. 이에 비해 중동 지역의 이슬람 국가는 핵을 갖지 못하도록 압력을 가하고 있지요. 많은 사람이 미국의 이런 태도 때문에 중동의 이슬람교도가 미국을 적으로 생각하게 된 것이라고 보고 있어요. 결국, 이슬람교도의 미국에 대한 증오가 9·11 테러의 뿌리라고 볼 수 있지요.

 ### 9·11 테러를 일으킨 오사마 빈라덴

오사마 빈라덴은 사우디아라비아에서 태어났어요. 군사 조직 알카에다를 만든 뒤로 미국을 상대로 여러 차례 테러를 저질렀지요.
오사마 빈라덴은 '미국인을 죽이는 것은 이슬람교도의 의무'라고 말할 정도로 미국을 증오했어요. 그래서 9·11 테러 이전에도 오사마 빈라덴과 알카에다는 미국 정부에 두려움의 대상이었습니다.

미국은 아프가니스탄을 왜 공격했어요?

9·11 테러 직후, 미국 정부는 테러를 일으킨 주범을 오사마 빈라덴이라고 생각했습니다. 당시 오사마 빈라덴은 아프가니스탄에 있었는데, 이곳은 과격한 이슬람 단체인 탈레반이 정권을 잡고 있었어요. 부시 미국 대통령은 탈레반 정부에 최후통첩을 보냈어요. 오사마 빈라덴을 비롯한 알카에다 지도부를 미국에 넘기라고 말이지요. 그런데 아프가니스탄 탈레반 정부는 이를 거부했어요. 1980년대에 아프가니스탄이 소련과 싸울 때 오사마 빈라덴이 탈레반과 함께 싸워 주었기 때문이에요.

결국 미군은 아프가니스탄에 쳐들어갔어요. 미군의 공격으로 탈레반 정부는 순식간에 무너졌어요. 오사마 빈라덴은 파키스탄으로 달아났습니다. 미국은 오사마 빈라덴을 체포하지는 못했지만, 아프가니스탄에 미국을 도와주는 정부를 세웠어요. 하지만 탈레반은 여전히 아프가니스탄 곳곳에 남아서 미군에 맞서 싸움을 계속하고 있답니다.

탈레반이 여전히 아프가니스탄과 파키스탄 남부에 근거지를 두고 저항할 수 있는 까닭은 미국이 아프가니스탄 사람들의 민심을 얻지 못했기 때문일지도 모릅니다. 탈레반을 잡으려고 쏜 미군의 미사일은 성능이 워낙 뛰어나 마을 전체를 쑥대밭으로 만들어 버렸고, 수많은 사람이 목숨을 잃거나 피난길에 올랐어요. 미군과 탈레반의 끝나지 않은 전쟁으로 어린이를 비롯한 민간인이 피해를 보았습니다.

아프가니스탄에 파병된 미군

탈레반의 자살 폭탄 테러로 불타는 유조차

미국과 이라크는 왜 싸웠어요?

미국의 폭격으로 불에 타는 이라크 대통령궁

아프가니스탄에서 탈레반 정부를 몰아낸 뒤 미국은 2003년 3월에 이라크를 공격했어요. 미국은 이라크의 수도 바그다드에 폭격을 가했지요. 전쟁은 한 달도 안 되어 이라크의 패배로 끝났어요. 이로써 25년 동안 이라크를 다스렸던 독재자 사담 후세인 대통령도 최후를 맞았지요.

미국이 이라크를 공격한 까닭

미국은 이라크의 독재자 사담 후세인 대통령이 알카에다를 비롯한 테러 조직을 지원하고 있다고 생각했습니다. 또한 화학무기와 핵무기 등 이른바 '대량 살상 무기'를 개발해 미국뿐만 아니라 전 세계의 평화를 위협하고 있다고 생각했습니다. 미국은 유엔의 결의 없이 영국과 함께 이라크를 공격했습니다. 그렇지만 국제 사회는 미국의 이라크 공격을 지지하지 않았습니다. 미국이 2001년에 오사마 빈라덴을 잡기 위해 아프가니스탄을 공격했을 때는 국제 사회의 지지가 있었습니다. 그때는 9·11 테러를 당한 미국의 고통을 이해했기 때문일 거예요. 그렇지만 이번에는 달랐습니다. 이라크가 알카에다와 관련되어 있다는 증거도 없었고, 대량 살상 무기가 있다는 증거도 없었으니까요. 실제로 전쟁이 끝난 뒤에 이라크에서는 대량 살상 무기가 발견되지 않았어요.

미국과 이라크, 우방국에서 적국으로

원래 이라크는 미국과 사이가 좋았어요. 1979년에 사담 후세인이 이라크 대통령이 되고 얼마 되지 않았을 때, 이웃 나라 이란에서 호메이니가 서구 문화를 없애야 한다고 주장하면서 이슬람 혁명을 일으켰어요. 사담 후세인은 이란이 이라크의 안보를 불안하게 한다는 이유를 내세워 이란과 전쟁을 시작했어요. 이란의 이슬람 혁명이 다른 나라로 번져 가는 게 두려웠던 미국과 서양 강대국들은 이라크를 지원해 주었습니다.

이란·이라크 전쟁은 8년간 이어졌어요. 사담 후세인은 오랜 전쟁으로 이라크의 경제가 어려워지자 이에 대한 돌파구로 1990년에 쿠웨이트를 침공했어요. 미국은 친구라고 믿었던 사담 후세인이 이란과의 전쟁을 끝낸 뒤 느닷없이 쿠웨이트를 침공하자, 다국적 군을 결성해 쿠웨이트를 지원해 주었습니다. 이것을 '제1차 걸프 전쟁'이라고 합니다.

제1차 걸프 전쟁을 계기로 미국 안에서는 사담 후세인을 없애야 한다는 목소리가 높아졌어요. 그러던 차에 9·11 테러가 발생하자 미국은 사담 후세인을 없애기로 마음먹고 2003년에 이라크를 쳐들어갔어요. 이것을 '제2차 걸프 전쟁'이라고 부릅니다.

이라크 사람들이 미국을 싫어하는 이유

미국이 이라크에 쳐들어가자 이라크 사람들은 미군을 탐탁지 않게 여겼어요. 이라크 사람들은 오히려 미군에 끈질기게 저항했지요. 이 때문에 전쟁을 하고 있을 때보다 더 많은 사람이 목숨을 잃었어요. 이라크 사람들은 왜 독재자 사담 후세인 대통령보다 미국을 더 싫어했을까요?

아프가니스탄에서와 마찬가지로 이번에도 미군의 폭격으로 수많은 이라크 사람들이 목숨을 잃었어요. 또 미국이 이라크의 석유를 노리고 쳐들어왔다고 생각하는 이라크 사람도 많고, 미국의 침략으로 사담 후세인 시절보다 살기가 더 나빠졌다고 생각하는 사람도 많기 때문이에요.

 이슬람교는 평화의 종교예요

무함마드가 창시한 이슬람교는 기독교, 불교와 함께 세계 3대 종교 중 하나예요. 이슬람교의 경전 《쿠란》은 정직, 자선, 친절, 선행 등을 강조하고 있어요. 많은 사람이 이슬람교는 테러를 일삼는 종교라고 생각하고 있지만, 대부분의 이슬람교도는 평화를 추구하는 《쿠란》의 가르침을 따르고 있어요. 테러를 일삼는 이슬람교도는 일부에 불과하답니다.

국제 분쟁 1

아이에스(IS)가 나라인가요?

미국이 '테러와의 전쟁'을 선포하고 과격한 이슬람 세력을 대대적으로 공격했지만, 알카에다와 같은 미국에 적대적인 세력을 완전히 없애지는 못했어요. 2006년, 이라크에서 활동하던 알카에다는 여기저기 흩어져 있던 미국에 적대적인 세력을 모아서 '이라크·이슬람국가(ISI : Islamic State of Iraq)'를 결성했어요. 이들은 중동 지역이 정치적으로 불안정한 틈을 타 주변 국가까지 세력을 넓혀 나가더니, 2013년에는 시리아에 있던 미국에 적대적인 세력과 힘을 합쳐 '이라크·시리아·이슬람국가(ISIS : Islamic State of Iraq and Syria)'로 이름까지 바꾸었지요. 이들은 '이라크·레반트 이슬람국가(ISIL, 아이실)'로 불리기도 해요.

그러다가 2014년 6월 'IS(아이에스, 이슬람국가)'로 이름을 또 바꾸었어요. IS는 다른 나라를 침범해 영토를 빼앗고 죄 없는 민간인 수천 명을 죽였어요. 또한 세계 각국에서 테러를 일으키고 있을 뿐 아니라, 외국인 인질을 잡아 잔혹하게 죽이고 그 모습을 공개하는 등 비인간적인 행동을 일삼고 있어요.

IS가 시리아 북부를 침략한 모습

IS의 학살을 피해 피란길에 오른 사람들

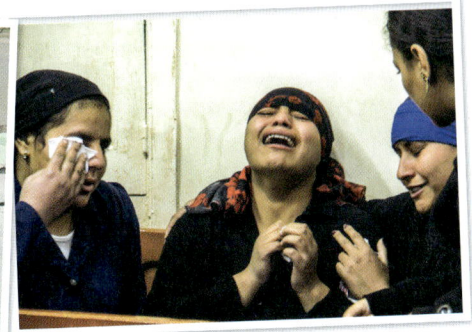
IS의 학살로 가족을 잃고 슬퍼하는 모습

IS(이슬람국가)는 국가가 아니다

　IS(이슬람국가)라는 이름은 국가 이름 같지만, 자신들이 일방적으로 선포한 호칭에 불과해요. 국제 사회에서 인정받는 '국가'는 아니지요. 이라크와 시리아 영토 일부를 장악해 지배하고 있지만, 국제 사회는 물론이고 이슬람 사회에서도 이들을 국가로 인정하지 않아요.

　IS(이슬람국가)는 일정한 영토를 차지하고 있고, 세력이 꽤 크기는 하지만, 국가가 아닌 극단적인 이슬람 테러 단체에 불과해요.

　우리나라에서는 IS(이슬람국가)라는 표현을 그대로 사용하지만, 해외 언론에서는 'IS'라는 표현을 잘 사용하지 않아요. IS 대신 ISIS나 ISIL이라고 부르지요. '이슬람국가'라고 표기하면, 그들의 뜻대로 국가로 인정해 주는 셈이 되거든요.

부유한 테러 단체, IS

IS(이슬람국가)는 다른 테러 단체에 비해 돈이 많아요. IS가 외국인 인질을 잡아 몸값을 요구하고, 석유와 무기 밀매를 통해 돈을 벌어들이고 있기 때문이에요. 장악한 영토의 문화재도 마구 팔아 치워 버리고요. 또한 IS에 두려움을 느낀 이슬람 국가 중의 일부가 몰래 돈을 주기도 합니다. 그렇게 마련한 돈으로 IS는 군인들에게 월급을 주고 테러를 일으키고 있습니다.

이슬람과 거리가 먼 IS

2014년 6월, IS(이슬람국가)는 '칼리프'를 지도자로 하는 국가를 수립했다고 일방적으로 선언했어요. 그러면서 자신들의 최고 지도자를 칼리프로 추대했지요. 칼리프는 이슬람교 신자들에게 절대적인 존경을 받는 예언자 무함마드의 후계자를 말해요. 옛날 무함마드가 세상을 떠났을 때, 4명의 칼리프가 이슬람교 신자들을 이끌었어요.

IS는 이 '칼리프' 제도를 되살리고 이슬람교의 경전 〈꾸란〉과 무함마드의 가르침을 엄격히 지키는 것을 목적으로 내세웠어요. 또 유대인이 이스라엘을 세운 것처럼, 중동 지역에 그어진 국경선을 없애고 이슬람 칼리프 국가를 세우는 것이 이들의 최종 목표라고 합니다.

하지만 IS는 기독교인은 물론이고, 같은 이슬람을 믿는 사람들까지 노예로 삼거나 살해하는 등 극단적인 행동을 일삼았어요. 또한 민주적인 요소가 많고 다른 종교에 너그러운 원래의 칼리프 제도와는 거리가 먼 행동을 하고 있지요. 그래서 이슬람 사회에서도 IS를 인정하지 않고 있답니다.

IS의 지도자

SNS는 IS의 무기

IS는 소셜네트워크서비스(SNS)를 이용해 자신들의 주장을 적극적으로 알리고 있어요. IS는 테러리스트의 모습을 영웅처럼 꾸민 영상을 만들어 SNS에 뿌리고 있어요. 물론 영상에는 그들의 잔혹한 실체가 감춰져 있지요. SNS에 익숙한 세계 각국의 청년들은 IS의 선전에 속아 IS에 가담하고 있어요. 이들은 대부분 사회에 불만을 품은 사람들이에요. 청년들이 더 이상 IS에 현혹되지 않게 하려면 각 나라에서 IS에 대한 정확한 정보를 제공하고, 사회 불만을 끌어안으려는 노력을 해야 한답니다.

IS의 군인들

인도와 파키스탄은 왜 싸우는 거예요?

카슈미르 지역의 지도

인도와 파키스탄은 카슈미르 지역을 둘러싸고 분쟁을 자주 일으켜요. 그 뿌리는 1947년에 인도와 파키스탄이 영국의 식민지에서 독립하던 시기로 거슬러 올라가지요. 인도는 영국으로부터 독립하면서 힌두교도가 대다수인 인도와 이슬람교도가 대다수인 파키스탄, 방글라데시로 갈라졌어요.

문제는 카슈미르 지역이었어요. 이슬람교를 믿는 주민 대부분은 카슈미르가 파키스탄에 속하기를 바랐지만, 카슈미르의 지도자는 힌두교를 믿었기 때문에 일방적으로 인도로 편입하기로 결정했거든요.

1947년 10월, 인도와 파키스탄은 카슈미르 지역에서 큰 전쟁을 벌였어요. 결국 카슈미르 지역은 인도령인 '잠무카슈미르'와 파키스탄령인 '아자드카슈미르'로 쪼개지고 말았어요. 그 뒤 두 나라는 카슈미르 지역을 둘러싸고 큰 전쟁만 두 번을 더 치렀답니다.

1980년대 들어서도 두 나라는 자주 충돌했어요. '통제선'을 중심으로 배치되어 있는 인도군은 파키스탄령 아자드카슈미르 지역으로 대포를 쏘고, 파키스탄은 인도령 잠무카슈미르 지역의 이슬람 무장 세력을 부추겨 크고 작은 테러를 저질렀어요.

2004년부터 두 나라는 평화의 길을 모색해 왔어요. 그러던 중 2008년 11월 26일, 인도 뭄바이에서 테러 사건이 발생했어요. 테러리스트들은 호텔과 역 등에서 잇따라 폭탄을 터뜨렸어요. 이 테러로 170여 명이 사망하고 300여 명이 부상당했지요. 카슈미르 지역을 둘러싼 인도와 파키스탄의 싸움은 아직도 계속되고 있어요.

뭄바이 테러로 불에 타는 호텔

티베트 승려들은 왜 분신했어요?

티베트 지역의 지도

2008년, 베이징 올림픽을 앞두고 티베트의 중심 도시 라싸에서 승려들이 티베트의 독립을 요구하며 자기 몸을 스스로 불살랐어요. 이를 분신이라고 해요. 티베트 승려들은 왜 분신했을까요?

중국은 56개 민족으로 이루어진 다민족 국가예요. 그중 한족이 90% 이상을 차지해요. 나머지 중국의 소수 민족 중에는 자신들이 중국의 일부라는 사실을 인정하지 않는 민족이 있어요. 티베트 민족이 그중 하나예요. 티베트 민족은 중국에서 여섯 번째로 큰 민족이에요. 티베트 민족은 티베트 어를 쓰고 티베트 불교를 믿어요. 정치도 종교 지도자가 맡았지요.

1950년에 티베트가 중국에 점령당했어요. 그 뒤로 티베트 민족은 계속 중국에 저항했지요. 그때마다 중국 정부는 티베트 민족을 진압했어요. 중국 정부는 티베트 민족의 독립 의지를 꺾기 위해 티베트 불교를 없애려고 하고 있어요. 티베트에 있는 수많은 사원을 파괴하고, 한족을 티베트로 이주시켰지요.

오늘날 티베트의 학교에서는 중국어를 쓰고, 티베트의 도시에서는 중국어로 된 간판이 넘쳐나지요. 그래서 티베트 승려들은 분신과 같은 극단적인 방법으로 티베트의 존재를 알리고 있어요.

티베트의 독립을 요구하는 시위

티베트의 종교와 정치 지도자, 달라이 라마

달라이 라마는 티베트의 종교 지도자이자 정치 지도자를 부르는 말이에요. 티베트 민족은 달라이 라마가 계속 다시 태어난다고 믿습니다. 초대 달라이 라마는 1391년에 태어났고, 현재의 달라이 라마는 14대입니다.

14대 달라이 라마는 중국이 티베트를 쳐들어왔을 때 인도 다람살라로 피신해 망명 정부를 만들었습니다. 달라이 라마는 비폭력 저항을 실천하며 티베트의 독립을 위해 오랫동안 헌신해 왔습니다. 그 공로로 1989년에 노벨 평화상을 받았습니다.

14대 달라이 라마

독도는 우리 땅이에요 123

동티모르에 평화 유지군이 왜 파견됐나요?

티모르 섬 지도

티모르 섬은 인도네시아 자바 섬 동쪽 끝에 위치해 있습니다. 그런데 티모르 섬은 동서로 나뉘어 있어요. 1613년에 포르투갈, 네덜란드 등이 식민지 쟁탈전을 벌이면서 티모르 섬이 동서로 갈리게 된 거예요.

제2차 세계 대전이 끝난 뒤에 네덜란드가 지배하던 서티모르는 인도네시아에 속하게 되었어요. 포르투갈이 지배하던 동티모르는 1975년이 되어서야 독립을 선포했어요.

이 즈음에 베트남, 캄보디아, 라오스에 공산주의 정권이 들어섰어요. 당시에는 자본주의 세력과 공산주의 세력이 한창 세력 다툼을 벌이던 시기예요. 인도네시아는 이를 이용해 공산주의 국가라며 동티모르를 침략했지요. 미국 등 서방 세계는 인도네시아를 지지했어요.

인도네시아는 동티모르를 점령한 뒤, 수만 명의 동티모르 주민들을 학살하고 인도네시아 사람들을 동티모르로 이주시켰어요. 동티모르 사람들은 국제 사회에 동티모르의 독립을 호소했지요. 국제 사회의 도움으로 2002년에 동티모르는 독립할 수 있었어요. 하지만 그 과정에서 수많은 동티모르 사람들이 학살당하는 등 어려움이 많았지요. 국제 연합은 평화 유지군을 파견해 동티모르가 안정을 찾을 수 있도록 도왔어요.

국제 연합 평화 유지군의 일원으로 동티모르에 파견된 우리나라의 상록수 부대

| 독도는 우리 땅이에요 125

중동과 아시아의 분쟁 지역

중동과 아시아에서는 다양한 이유로 싸우는 곳이 많아요.
중동과 아시아에서 일어나는 국제 분쟁을 더 알아보아요.

쿠르드 족의 독립운동

쿠르드 족은 나라가 없는 세계 최대의 민족으로, 주로 쿠르디스탄이라는 산악 지대에 살아요. 쿠르디스탄은 터키, 이라크, 이란 등에 걸쳐 있어요. 쿠르드 족은 쿠르디스탄을 중심으로 독립 국가를 세우려고 터키, 이라크 등과 싸우고 있어요.

이라크 국기   이란 국기

이란·이라크 분쟁

이라크는 1980년에 이란을 쳐들어갔어요. 두 나라는 민족과 종교가 달라 오래전부터 사이가 나빴어요. 이란인은 아리안 족이지만 이라크는 아랍인이에요. 또 이란인은 이슬람교 소수파인 시아파를, 이라크 사람들은 다수파인 수니파를 믿어요. 국제 연합의 중재로 전쟁은 8년 만에 끝났지만 양국의 감정은 여전히 좋지 않아요.

위구르 족의 독립운동

중국 신장웨이우얼 자치구에는 위구르 족이 많이 살아요. 위구르 족은 터키계의 유목 민족으로, 1759년에 중국에 정복당했어요. 생김새도, 종교도, 문화도 중국과 달라 오랫동안 독립운동을 벌여 왔어요.

조어도 분쟁

조어도는 중국해에 있는 무인도로, 일본에서는 센카쿠 열도라고 부르고, 중국에서는 다오위다오라고 부르지요. 중국은 일본이 조어도를 강제로 빼앗아 간 뒤 돌려주지 않고 있다고 주장하고 있어요. 일본은 조어도를 실질적으로 일본이 지배하고 있으므로 일본 땅이라고 주장하지요.

타밀 족의 독립운동

남아시아의 작은 섬 나라 스리랑카에서는 힌두교를 믿는 타밀 족이 독립운동을 벌여요. 스리랑카에는 불교를 믿는 신할리즈 족이 훨씬 많아요. 타밀 족은 신할리즈 족의 차별에 저항하여 오랫동안 독립운동을 벌여 왔어요.

6. 국제 분쟁 II

유럽과 아프리카에서도 싸움이 일어나요

유럽에도 내전에 휩싸인 나라가 여럿 있어요. 특히 발칸 반도에서는 유고슬라비아 공산주의 연방 공화국이 여러 나라로 갈라지면서 싸움이 끊이지 않았어요. 아프리카에는 제2차 세계 대전 이후 서양 강대국이 멋대로 그어 놓은 국경선 때문에 고통받는 나라가 많아요. 내전이 일어나 수많은 사람이 죽거나 집을 잃고 떠돌아다녀야 하는 등 큰 고통을 겪고 있지요. 세계 평화로 가는 길은 아직도 멀고도 험난해요.

발칸 반도에서는 왜 싸움이 끊이지 않았나요?

발칸 반도의 지도

유럽과 아시아가 만나는 지점에 위치한 발칸 반도에는 '세계의 화약고'란 별명이 붙어 있습니다. 1914년, 당시 보스니아-헤르체고비나를 지배하던 오스트리아의 황태자가 보스니아-헤르체고비나의 수도 사라예보에서 암살당한 것을 계기로 제1차 세계 대전이 시작되었어요. 또 소련이 해체된 뒤에 발칸 반도에 있는 유고슬라비아가 여러 나라로 갈라질 때도 싸움이 끊이지 않았어요.

종교와 문화가 다른 발칸 반도 사람들

역사적으로 발칸 반도는 외세의 침략을 숱하게 받아서 문화와 언어, 종교가 다른 사람들이 뒤섞여 살아왔습니다. 제2차 세계 대전 이후 발칸 반도의 한가운데 '유고슬라비아 공산주의 연방 공화국'이라는 나라가 세워졌어요. 이 나라는 6개 공화국(슬로베니아, 크로아티아, 보스니아-헤르체고비나, 몬테네그로, 마케도니아)과 2개 자치주(코소보, 보이보디나)로 이루어져 있었어요.

유고슬라비아는 대부분이 남슬라브 민족으로 구성되어 있어요. 하지만 종교는 달랐어요. 슬로베니아와 크로아티아는 가톨릭, 보스니아-헤르체고비나는 이슬람교, 가톨릭, 세르비아 정교, 세르비아는 세르비아 정교를 믿어요.

유고슬라비아의 해체

이처럼 다양한 종교의 사람들이 유고슬라비아라는 하나의 국가에서 40년 넘게 살아갈 수 있었던 것은 형제애와 통합을 강조한 티토 대통령의 강력한 지도력 때문이었습니다. 하지만 티토 대통령이 사망하고 나자, 공화국 사이에 갈등이 커져 갔어요. 설상가상 소련과 체코슬로바키아, 폴란드 등의 동유럽에서 공산주의가 무너지면서 유고슬라비아도 함께 붕괴됐지요. 그 과정에서 분쟁이 끊이지 않았어요.

티토 대통령

사라예보에서 오스트리아 황태자가 암살당하는 모습

1991년 크로아티아와 슬로베니아가 독립하자 그 뒤를 이어 마케도니아가 독립했어요. 세르비아와 몬테네그로가 '신 유고슬라비아 연방 공화국'을 창설하였고, 보스니아-헤르체고비나가 독립을 선언했어요. 그러나 보스니아-헤르체고비나의 독립 선언은 곧장 내전으로 번졌어요.

보스니아 내전

보스니아-헤르체고비나는 보스니아계 48%, 세르비아계 37.1%, 크로아티아계 14.3%, 기타 0.6%로 이루어져 있어요. 보스니아계는 주로 이슬람교를 믿고, 세르비아계는 주로 세르비아 정교를 믿지요. 크로아티아계는 로마 가톨릭교를 믿어요. 그런데 보스니아계와 크로아티아계는 독립을, 세르비아계는 세르비아가 이끄는 '신 유고슬라비아 연방 공화국'에 남기를 희망했어요.

보스니아 내전 때 죽은 사람들의 무덤

보스니아-헤르체고비나가 독립을 선언하자 신 유고슬라비아 연방 공화국은 보스니아-헤르체고비나의 수도인 사라예보에 폭격을 가했어요. 보스니아-헤르체고비나에 사는 세르비아계도 민병대를 조직해 1만 명에 가까운 이슬람교도들을 살해했어요.

국제 연합이 싸움을 끝내기 위해 평화 유지군을 파견했지만 싸움은 쉽게 끝나지 않았어요. 보스니아 내전은 3년 8개월이나 계속됐어요. 세계 각국의 지도자들이 보스니아-헤르체고비나의 정부군과 세르비아를 설득하여 평화 협정을 맺고 내전을 끝낼 수 있게 되었지요.

보스니아 내전 동안 수많은 난민이 발생했고, 끔찍한 인종 청소(다른 민족 집단의 구성원을 강제로 없애려는 정책을 통틀어 일컫는 말)가 있었지요. 이때 수십만 명이 목숨을 잃었어요. 전쟁은 제2차 세계 대전 때 있었던 나치의 유대 인 대학살만큼이나 참혹했지요.

스레브레니차의 학살

스레브레니차는 이슬람교도들이 모여 사는 마을로 보스니아-헤르체고비나의 동쪽 세르비아 국경 지대에 있어요. 내전이 끝날 무렵인 1995년 7월에 세르비아 민병대는 그곳을 지키던 국제 연합 보스니아 평화 유지군을 몰아내고 이슬람교도들을 무참하게 학살하기 시작했습니다. 이때 7,000명이 넘는 사람이 죽은 것으로 추정됩니다. 이 사건은 제2차 세계 대전 이후 유럽에서 일어난 최악의 민간인 학살로 기록되고 있어요.

코소보 내전은 왜 일어났나요?

코소보 지도

코소보는 알바니아와 세르비아 사이에 있습니다. 이곳의 인구 중 약 90%가 이슬람교를 믿는 알바니아계이고, 약 10%가 세르비아 정교를 믿는 세르비아계예요. 이들은 서로 이웃사촌으로 평화롭게 살고 있었지요.

코소보 내전의 원인

코소보 내전은 옛 유고슬라비아의 자치주였던 코소보의 알바니아계 사람들이 세르비아로부터의 독립을 요구하며 시작됐어요. 세르비아와 몬테네그로가 합쳐진 '신 유고슬라비아 연방 공화국'의 대통령은 세르비아 출신의 밀로셰비치로, 히틀러만큼이나 자기 민족에 대한 우월주의에 깊이 빠져 있던 인물이었어요. 밀로셰비치는 코소보의 독립을 허락하지 않았어요.

코소보에 사는 세르비아계 사람들도 코소보가 독립하기를 원하지 않았어요. 인구의 10% 정도밖에 안 되는 자기들한테 혹시라도 불이익이 오지는 않을까 불안했거든요.

게다가 코소보 지역은 세르비아계 사람들에게 의미가 큰 곳이었어요. 오랜 옛날 세르비아 왕국의 중심지였고, 이슬람교를 전파하려는 오스만

제국에 맞서 싸우다 수많은 세르비아 사람이 죽은 곳이었거든요. 그래서 코소보에는 700년이 된 세르비아 정교회의 그라차니차 성당을 비롯해 세르비아 민족의 유적지가 많아요.

잔인한 인종 청소

코소보의 독립을 반대하는 세르비아계 사람들은 군대를 조직해서 알바니아계 사람들이 사는 마을을 공격하기 시작했습니다. 밀로셰비치 대통령도 코소보에 세르비아 군대와 경찰을 보내 코소보를 점령하려고 했어요. 이런 과정에서 세르비아계 사람들이 알바니아계 사람들을 무차별적으로 학살하는 '인종 청소'라는 끔찍한 범죄를 조직적으로 저질렀어요.

세르비아계 사람들은 알바니아계 사람들이 사는 마을 전체를 불태워 버리거나, 집집마다 돌아다니며 수류탄을 던지기도 했습니다. 당시 코소보 인구 210만 명 가운데 1만 명 정도가 사망했으며, 90만 명에 가까운 난민이 발생했어요.

코소보의 독립을 축하하는 행사

코소보의 독립

세르비아계 사람들이 저지른 잔인한 범죄 행위를 멈추게 하려고 국제 사회가 나섰습니다. 북대서양 조약 기구는 군대를 결성해 세르비아를 공격했어요. 세르비아의 온 도시는 폐허로 변했습니다.

결국 세르비아는 항복할 수밖에 없었어요. 밀로셰비치는 코소보 내전을 일으킨 전쟁 범죄자로 '국제 전범 재판소'에서 재판을 받았지요.

2008년, 코소보는 독립을 선언했습니다. 그러나 완전한 독립이 이루어진 것은 아니에요. 세르비아는 아직도 코소보의 독립을 인정하지 않고 있어요.

전쟁 범죄자, 밀로셰비치

밀로셰비치는 대(大)세르비아 건설을 주창하며 크로아티아 내전(1991~1995년)과 보스니아 내전(1992~1995년)을 일으킨 전쟁 범죄자예요. 또 보스니아의 7천여 명의 이슬람교도 학살과 알바니아계 코소보 주민 1만 명 이상에 대한 '인종 청소'를 명령한 장본인이었습니다. 밀로셰비치는 전쟁 범죄와 인권 유린 등 66가지 혐의로 체포되어 재판을 받던 중 2006년 감옥에서 사망했어요.

국제 분쟁 II

북아일랜드는 왜 영국에 속하나요?

아일랜드 지도

아일랜드는 영국의 서쪽에 있는 섬이에요. 350년경에 아일랜드에 가톨릭교가 들어온 이래 대부분의 아일랜드 사람들은 가톨릭교를 믿었어요. 지금도 해마다 3월 17일이 되면 아일랜드 국민과 전 세계의 아일랜드 후손들은 초록색 옷을 입고 아일랜드의 수호 성자인 성 패트릭을 기립니다. 이처럼 아일랜드는 가톨릭의 나라였어요.

아일랜드 수난의 역사

1534년에 영국의 헨리 8세가 아일랜드에 쳐들어왔어요. 그 뒤로 아일랜드는 약 400년 동안 영국의 통치를 받게 됩니다. 헨리 8세는 가톨릭을 믿는 아일랜드 사람들을 성공회(영국 사람들이 믿는 기독교의 한 분파)로 개종시키려고 했어요. 그래서 영국의 성공회 신자들을 북아일랜드로 이주시켰지요. 이때부터 영국과 아일랜드의 대립이 아일랜드의 남북 분쟁으로 탈바꿈하게 됩니다. 아일랜드 땅에서 신교도(성공회 신자)와 구교도(가톨릭 신자) 사이의 기나긴 싸움이 시작된 거지요.

1845년 아일랜드에 대기근이 일어났어요. 아일랜드에 병충해가 발생해 감자의 수확이 크게 줄어들었거든요. 아일랜드 대기근은 몇 년간 계속됐어요. 이때 100만 명이 넘는 아일랜드 사람들이 굶어 죽었다고 해요. 그런데도 영국 정부는 아일랜드 사람들을 도와주지 않았어요. 북아일랜드의 신교도와 구교도 사이의 갈등은 더욱 깊어졌지요. 1910년대에 구교도들은 군사 조직인 아일랜드 공화국군(IRA)을 만들어 신교도들을 테러하기 시작했어요.

아일랜드의 독립과 북아일랜드

1937년, 아일랜드 남부 지역이 영국으로부터 독립하고, 북아일랜드 지역은 영국령으로 남게 됐어요. 이때부터 북아일랜드의 신교도와 구교도 사이에 분쟁이 심해졌지요. 북아일랜드가 영국령이 된 것은 신교도들의 뜻이었어요. 북아일랜드의 정치와 경제를 잡고 있던 신교도들은 북아일랜드가 아일랜드령이 되면 자신들이 누려온 권력과 부가 사라질 것을 두려워했지요. 영국도 산업이 발달한 북아일랜드를 아일랜드에 넘길 생각이 없었고요.

사실 북아일랜드의 정치와 경제를 잡고 있는 신교도들은 오랫동안 구교도를 차별했어요. 정치에 참여할 권리조차 주지 않았지요. 1968년 참정권과 공직에 출마할 권리를 요구하는 구교도들을 신교도들이 경찰을 동원해 무자비하게 진압했어요. 이에 아일랜드 공화국군은 신교도들을 공격했지요.

구교도와 신교도의 대립으로 북아일랜드는 혼란에 빠졌지요. 결국 영국은 북아일랜드에 군대를 파견했어요. 영국의 개입은 구교도들의 분노를 샀어요. 게다가 1972년 1월 30일, 일요일에 평화 시위를 벌이던 구교도들을 영국 군인이 총으로 쏘았습니다. 이것을 '피의 일요일 사건'이라고 부릅니다. 이후 아일랜드 공화국군의 테러가 끊이지 않았습니다.

평화를 향한 험난한 길

1998년에 가서야 영국과 아일랜드 공화국군은 평화 협정을 맺었어요. 평화 협정을 이끌어낸 공로로 북아일랜드의 정치가인 존 흄과 데이비드

피의 일요일 사건으로 영국군에게 희생당한 사람들을
추모하는 집회 모습

트림블은 노벨 평화상을 받았어요.

　1999년에는 신교도와 구교도가 모두 참여하는 북아일랜드 자치 정부가 출범했어요. 그러나 완전한 평화가 이루어진 것은 아니에요. 2009년 3월, 북아일랜드에서 영국 병사 두 명이 숨지는 테러가 발생했어요. 아일랜드 공화국군의 과격파 소행으로 밝혀졌지요. 북아일랜드에 완전한 평화를 이루기까지 많은 시간이 걸릴 거예요.

소말리아에서는 왜 내전이 끊이지 않아요?

소말리아 반도 지도

서양 강대국의 식민지였던 나라들이 독립하면서 갈등의 씨앗이 뿌려진 곳이 많습니다. 아프리카의 소말리아도 그중 하나예요.

아프리카 지도를 보면, 북동부에 툭 튀어나와 있는 곳이 있어요. 뿔처럼 생겨서 '아프리카의 뿔'이라고도 불리는 소말리아 반도예요. 소말리아 사람들은 대부분 소말리 족으로, 소말리 어를 쓰고 주로 이슬람교를 믿어요.

강대국들이 멋대로 그은 아프리카의 국경선

아프리카에서 내전이 일어나는 원인은 대개 비슷합니다. 제2차 세계 대전이 끝나고 나서 강대국들이 자를 대고 자르듯 제멋대로 국경선을 그으면서 종족 간 대립의 불씨를 키웠어요. 한 국가 안에 여러 종족이 살거나 한 종족이 서로 다른 국가에 흩어져 살게 되었거든요. 소말리아도 마찬가지예요. 소말리 족은 소말리아, 지부티, 에티오피아, 케냐에 흩어져 살게 되었지요.

소말리 족은 소말리아를 세운 뒤에 소말리 족을 하나로 통합하려고 했어요. 그래서 지부티, 에티오피아, 케냐와 잦은 싸움을 벌였지요. 특히 소말리 족이 인구의 대다수를 차지하는 오가덴 지역을 두고 에티오피아와는 자주 다투었어요. 그렇지만 1978년에 소말리아는 에티오피아에 완전히 지고 말았지요. 그 뒤로 소말리아 안에 있는 여러 종족이 서로 싸우기 시작했어요. 사실 소말리 족도 내부적으로는 수많은 종족으로 나뉘어 있거든요.

극심한 가뭄으로 인한 굶주림

1990년대, 내전의 상처가 엄청난 가운데, 설상가상으로 극심한 가뭄이 소말리아에 찾아왔습니다. 인구의 절반이 넘는 420만 명이 굶어 죽을 처지에 놓였어요. 전 세계에서 구호의 손길을 보냈지만, 구호물자는 배고픈 사람들의 손에 닿지 못했어요. 군인들이 중간에서 가로챘거든요. 당시에 서양의 텔레비전에 내전으로 이리저리 내몰리며 굶주림에 고통받는 어린이들의 모습이 자주 나왔어요. 삐쩍 마른 아이들의 충격적인 모습을 본 사람들은 소말리아를 도와주려고 했지요.

국제 연합은 평화 유지군을 파견해 소말리아의 질서를 잡으려고 했지만 상황은 좋아지지 않았어요. 소말리아의 수도에서 국제 연합 평화 유지군과 소말리아 민병대 사이에 치열한 전투가 벌어졌어요. 이 과정에서 미군의 헬리콥터 2대가 추락했는데, 헬기 조종사 한 명은 포로가 되고, 다

구호물자를 기다리는 소말리아 사람들

른 한 명은 죽은 채로 밧줄에 묶여 질질 끌려다녔지요. 결국 국제 연합 평화 유지군은 소말리아에서 철수해 버렸어요. 국제 연합 평화 유지군이 철수하자 소말리아의 혼란은 더욱 커져만 갔어요. 소말리아는 사실상 소말릴란드, 푼트란드, 소말리아로 쪼개졌어요. 그리고 혼란을 틈타 알카에다와 관련이 깊은 이슬람 세력이 소말리아 사회에 침투했습니다. 이때부터 소말리아 내전은 이슬람교와 기독교 간의 충돌로 변해 갔어요.

소말리아는 왜 해적의 나라가 되었을까?

먹고살 것이 없는 소말리아는 해적질로 살 길을 찾았습니다. 소말리아는 외국의 선박을 빼앗아 비싼 몸값을 받아낸 뒤 돌려주었지요. 명분은 그럴듯해요. 그동안 자신들의 바다 자원을 다른 나라에 약탈당한 것에 대한 대가라고 주장합니다. 사실 내전으로 소말리아 정부가 무너지자 외국 어선들이 소말리아 앞바다로 모여들어 해산물을 싹쓸이해 갔거든요. 이렇게 해서 소말리아는 '해적이 활개치는 국가'로 악명을 떨치게 됐지요.

삼호 주얼리호 구출 작전

우리나라 선박, 삼호 주얼리호(선장 석해균)는 2011년 1월에 소말리아 해적에게 납치됐어요. 우리나라 정부는 특수 요원을 태운 군함을 출동시켰어요. 특수 요원들은 소말리아 해적과 총격전 끝에 해적을 제압해 납치된 선박을 되찾고 선원 21명을 무사히 구출했어요.

국제 분쟁 II

르완다에서는 왜 끔찍한 대학살이 일어났어요?

르완다 지도

르완다는 아프리카에서 가장 작고 아름다운 나라예요. 땅이 비옥하고 강수량도 풍부해서 농사를 짓고 살기에도 아주 좋았지요. 르완다에서는 오래전부터 후투 족, 투치 족, 트와 족이 어울려 살아왔어요. 후투 족 85%, 투치 족 14%를 이루고, 1%의 트와 족은 숲속에서 조용히 살아왔어요.

갈등의 뿌리, 식민지 지배

르완다의 평화에 금이 가게 된 것은 1919년에 벨기에가 르완다를 통치하기 시작하면서부터예요. 벨기에가 르완다를 다스리기 위해서는 르완다 사람들의 협력이 필요했는데, 벨기에 사람들은 후투 족보다 투치 족을 더 좋아했다고 해요.

원래 후투 족은 농사를 지었고 투치 족은 떠돌아다니며 소를 키웠어요. 아프리카에서는 소가 큰 재산이었기 때문에 소를 가지고 있던 투치 족이 더 부유했지요. 그런데 벨기에가 나라를 다스리는 데 투치 족 사람들을 이용하기 시작하면서, 투치 족과 후투 족의 갈등이 점점 커져갔어요. 벨기에는 투치 족에게만 교육의 기회를 주고, 공무원으로 투치 족을 채용했으니까요. 원래 겉모습으로는 후투 족과 투치 족의 구별이 명확하지 않았는데, 신분증에 반드시 종족을 적도록 함으로써 두 종족이 명확하게 갈리게 되었지요. 차별 대우를 받은 후투 족의 울분이 조금씩 쌓여가기 시작했지요.

1994년 르완다 대학살

르완다는 1962년에 벨기에로부터 독립했어요. 그러나 독립하자마자 르완다에서는 투치 족과 후투 족의 분쟁이 시작됐어요. 벨기에가 물러가고 투치 족이 나라의 주도권을 잡았지만, 1973년 후투 족은 쿠데타를 일으켜 정권을 잡았어요. 투치 족은 우간다로 건너가 그곳의 투치 족과 손을 잡고 후투 족에 대항해 싸웠어요.

두 종족의 감정은 1994년에 후투 족인 르완다 대통령이 탄 비행기가 미사일에 격추되면서 폭발했습니다. 투치 족 반란군과 평화 협정을 맺은 후투 족 대통령이 사망하자, 후투 족 강경파들이 투치 족을 학살하기 시작했어요. 이때 100만 명이 죽고, 200만 명이 난민이 됐어요.

아픔을 다독이는 화해의 노력

르완다는 아주 가난한 나라예요. 말라리아 같은 질병으로 목숨을 잃는 어린이들도 아주 많습니다. 1994년 대학살 이후, 르완다는 인권에 대한 새로운 인식을 갖게 되었어요. '르완다 국가 인권 위원회'를 설립해 종족 간의 갈등을 해소하기 위해 꾸준히 노력하고 있습니다.

학살자들이 '가차차'(잔디가 깔린 마당이라는 뜻)에서 죄를 고백하고 피해자들에게 용서를 받으면 법정 형량보다 파격적으로 낮은 형량을 받습니다. 또 피해자의 집을 지어 주거나 도로를 보수하는 사회봉사 명령을 받기도 합니다. 아울러 종족 문제에 대해 토론하는 캠프에도 참가합니다. 이렇게 아픔과 상처를 다독이며 화해하는 노력이 마음속에 응어리져 있는 미움과 원망을 누그러뜨리는 데 커다란 역할을 하고 있답니다.

르완다 대학살로 죽은 투치 족

르완다 내전으로 100만 명이나 죽었대!

인류 역사에 다시는 이런 일이 없어야 할 텐데…….

내전에 물든 중앙아프리카

중앙아프리카 지역은 유럽 강대국의 식민지가 되면서 종족 사이에 분쟁이 시작된 곳이에요. 유럽 강대국이 식민지를 지배하면서 종족 사이를 이간질시켰거든요. 르완다를 비롯해 중앙아프리카에 있는 부룬디와 콩고 민주 공화국은 모두 심한 내전을 겪은 나라들이에요.

콩고의 난민촌

평화로운 세계를 만들기 위해 노력해요

싸움이 없는 평화로운 세상을 만들려면 어떻게 해야 할까요? 처음부터 싸우지 말고 평화롭게 어울려 살았으면 얼마나 좋았을까요? 하지만 불행히도, 인간의 역사는 싸움의 역사라고 할 정도로 싸움이 끊인 적이 없답니다. 지금까지 살펴본 국제 분쟁의 사례는 사실 '빙산의 일각'에 불과해요. 민족적, 종교적 이유로 끔찍한 싸움이 쉴 새 없이 터져 나오는 참혹한 현실이 계속되고 있으니까요.

싸움은 또 다른 싸움을 불러오고, 테러는 또 다른 테러를 불러와요. 이런 악순환이 반복되는 이유는 뭘까요? 그 이유는 바로 내 가족, 내 친구, 내가 사랑하는 사람이 잔인하게 목숨을 빼앗겼기 때문입니다. 피해자에게 "지금 당장 원수를 용서하고 사랑하라."는 말은 귀에 들어오지도 않을 겁니다. 이런 싸움이 개인과 개인의 싸움이 아니라, 집단과 집단의 싸움이라면 싸움의 규모와 피해는 눈덩이처럼 커질 수밖에 없고, 그 상처 또한 쉽게 치유될 수 없어요.

국제 분쟁에는 워낙 뿌리 깊은 불신과 갈등이 자리 잡고 있어요. 또 서로의 입장이 다르기 때문에 우리가 제대로 이해할 수 없는 부분도 있어요. 하지만 오랜 싸움으로 상처받은 사람들을 보듬어 주고, 난민에게는 따뜻한 구호의 손길을 건네고, 새로운 보금자리를 마련해 다시 일어날 수 있도록 국제 사회가 발 벗고 나서야 해요. 또한 싸움이 커지지 않도록 분쟁 당사자들을 협상 테이블로 이끌어 내고, 때로는 국제 연합 평화 유지군처럼 국제 분쟁에 적극적으로 개입할 필요도 있어요.

　자기 나라의 이익과 아무런 상관이 없다고 관심을 갖지 않거나 자기 나라의 이익만을 위해 싸움을 부추기는 것은 평화로운 세계를 향한 우리 모두의 노력에 찬물을 끼얹는 행위예요. 국제 분쟁을 줄이기 위해 우리 모두 더 적극적인 관심을 기울일 필요가 있어요.

유럽과 아프리카의 분쟁 지역

유럽과 아프리카는 여러 가지 이유로 싸우는 나라가 많아요.
유럽과 아프리카에서 일어난 내전과 국제 분쟁을 더 알아보아요.

서사하라 독립운동

서사하라는 1976년에 에스파냐로부터 독립했으나 모로코가 서사하라 땅에 대한 영유권을 주장했어요. 여기에 모로코와 모리타니가 서사하라 땅을 나누었지요. 1978년에 모리타니는 서사하라의 독립을 인정했지만 모로코는 서사하라 땅이 자신들의 땅이라고 주장하고 있어요. 서사하라는 모로코와 대립 상태예요.

콩고 민주 공화국 내전

콩고 민주 공화국은 검은 대륙의 진주라고 불릴 정도로 자원이 풍부한 곳이에요. 자원을 둘러싼 종족 간의 갈등으로 주변 국가까지 내전에 뛰어들면서 수백만 명이 죽고, 수십만 명이 난민이 되었어요.

체첸 독립운동

1859년에 러시아에 합병된 체첸은 이슬람교도를 중심으로 독립운동을 벌여 왔어요. 특히 소련이 붕괴된 뒤부터는 무력 투쟁을 벌이고 있지요.

유럽의 마지막 분단국가, 키프로스

키프로스 섬은 남쪽의 키프로스 공화국, 북쪽의 북키프로스 터키계 주민 공화국, 국제 연합이 관할하는 중립 지역, 영국의 군사 기지 지역으로 나뉘어 있어요. 다수를 차지하는 그리스계가 그리스로 통합을 주장하고 있지만 터키계가 크게 반발하고 있지요.

두 나라로 갈라진 수단

수단의 북부 지역은 이슬람교를 믿는 아랍 사람이 살고, 남부 지역은 기독교와 전통 종교를 믿는 아프리카 사람이 살았어요. 북부 지역과 남부 지역은 50년 동안 내전을 벌이다 2011년 수단과 남수단 공화국으로 분리되었어요.

세계 평화를 위해 노력하는 국제기구

세계에는 다양한 문제가 발생하고 있으며 이런 저런 이유로 국제 분쟁이 일어나고 있어요. 세계 평화를 위해 애쓰는 국제기구를 알아보아요.

국제 연합 평화 유지군

국제 연합이 분쟁 지역의 평화와 유지를 위해 세계 각국의 정부에서 파병한 군대예요. 푸른색의 헬멧을 쓰고 활동하지요. 새로운 정부 설립 지원, 인도주의적 원조, 난민 귀환, 지뢰 제거 등의 다양한 역할을 해요.

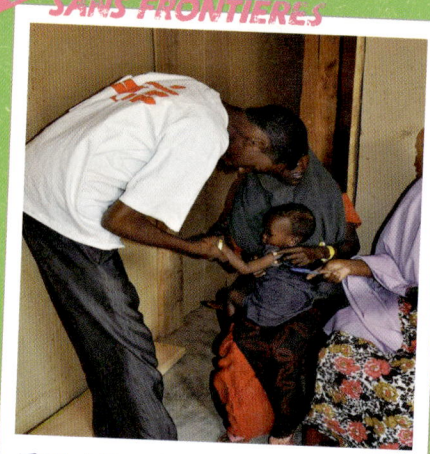

국경 없는 의사회

베르나르 쿠슈네르 등 청년 의사들이 주축이 되어 설립한 비정부기구(NGO)예요. 나이지리아의 비아프라 전쟁에서 국제 적십자사 활동을 하다가 분리되어 설립되었어요. 1999년에 노벨 평화상을 수상했어요.

세계 평화를 위해 노력하는 국제기구들이야.

KOICA

한국 국제 협력단

우리나라 정부에서 운영하는 해외 봉사 단체예요. 개발 도상국과의 교류를 통해 경제·사회 발전 지원 등을 통해 국제 협력을 증진하고 있어요.

국제 적십자사 연맹·적신월사

전쟁이 일어났을 때 적군과 아군을 구별하지 않고 다친 사람들을 구호할 목적으로 설립된 국제적인 민간 조직이에요. 1863년에 국제 적십자사 연맹은 앙리 뒤낭의 제안으로 결성되었어요. 적신월사는 이슬람을 믿는 나라의 국제 적십자 연맹이에요.

국제 연합 난민 기구

난민의 권리와 복지를 보호하는 데 목표를 두고 있어요. 국제 연합 난민 기구는 세계 각 지역의 난민촌에 식량과 물을 공급하고 난민들의 건강을 돌보고 있어요.

나도 국제기구에 들어가 세계 평화에 이바지하고 싶어.

7. 세계화

우리는 세계화 시대에 살고 있어요

옛날에는 다른 나라와 관계를 맺지 않고도 살 수 있었어요. 하지만 지금은 다른 나라와 관계를 맺지 않고는 살 수가 없지요. 세계는 정치, 경제, 사회, 문화 등 모든 분야가 거미줄처럼 연결되어 있어요. 이제 세계는 하나의 공동체를 이루고 있는 거지요. 하지만 양극화와 환경 문제 등 문제점도 많아요. 세계 각국은 세계화를 통해 경제를 발전시키면서도 세계화의 문제점을 해결하기 위해 노력하고 있어요.

월스트리트 시위는 왜 일어났어요?

2011년 9월, 미국 뉴욕의 월스트리트에서 사람들이 모여 시위를 벌였어요. 시위를 시작한 사람들은 처음에 20대의 실업자들이 대부분이었지만 페이스북, 트위터 등을 통해 점점 그 수가 늘어났어요. 미국 사람들은 왜 월스트리트에서 시위를 벌였을까요?

미국 사람들이 월스트리트에서 시위를 한 것은 월스트리트가 연방 준비 은행, 증권 거래소 따위가 모여 있는 곳으로 세계의 경제를 움직이는 곳이기 때문이에요. 시위대는 월스트리트의 금융 자본가(은행, 증권 회사를 경영하는 사람)들의 잘못된 정책 때문에 국민들이 어려움을 겪고 있는데도 정작 금융 자본가들은 많은 월급을 받으며 떵떵거리고 있다고 느꼈어요. 잘사는 사람은 더욱 잘살게 되고, 가난한 사람은 더 가난해지는 사회에 대한 불만이 높아졌어요. 그래서 분노가 폭발한 거예요.

시위대는 "상위 1%인 부유층의 탐욕으로 99%의 보통 사람이 정당한 몫을 받지 못하고 있다."고 주장했어요. "부자는 1%이고, 우리는 99%"라며 부유층에게 세금을 더 많이 걷으라고 요구했어요. 시위는 미국 전역뿐만 아니라 유럽과 아시아 등 전 세계 80여 나라로 퍼졌어요.

월스트리트 시위 이후에도 현실은 크게 달라지지 않았어요. 하지만 미국의 자유 무역 주의, 세계화에 대한 반대와 분노가 미국에서 시작돼 전 세계로 퍼졌다는 점에서 중요한 의미가 있어요.

월스트리트에서 시위를 하고 있는 시위대

세계화가 뭐예요?

요즘 세계화란 말을 자주 들을 수 있을 거예요. 세계화란 세계가 하나가 된다는 뜻입니다. 우리는 정보 통신 기술의 발달로 다른 나라의 일을 옆집에서 일어난 일처럼 알 수 있게 되었어요.

세계화는 정치, 경제, 사회, 문화 등 모든 면에 영향을 끼치고 있어요. 세계화로 인해 다른 나라의 문제도 우리나라에 곧장 영향을 끼쳐요. 어떤 정책을 결정할 때 옛날에는 우리나라 입장에서만 생각하면 그만이었지만 이제는 '지구촌'이라는 입장에서도 생각해야 해요. 우리는 대한민국의 국민임과 동시에 지구촌의 일원으로 21세기를 살아가야 하니까요.

옛날에는 지역과 민족에 따라 살아가는 모습이 많이 달랐어요. 그렇지만 세계화 시대에는 다른 국가의 문화와 사회 모습에 영향을 아주 많이 받아요. 우리나라만 하더라도 전통문화보다는 지구촌의 보편적인 문화가 우리의 삶에 더 큰 영향을 끼치고 있어요. 특히 정보화 시대를 맞아 젊은이에게 인기 있는 문화와 예술 활동은 빠른 속도로 다른 나라로 퍼져 나가고 있어요. 세계의 젊은이가 같은 음악을 듣고, 같은 영화를 보고, 같은 책을 읽는다면 사람들의 생각 또한 비슷한 모습으로 변해 가겠지요. 이제 전 세계는 하나의 거대한 사회로 바뀌고 있어요.

그런데 세계화라고 말할 때는 보통 '경제 세계화'를 말하는 경우가 많아요. 경제 세계화란 자본주의가 더 확고하게 세계에 자리 잡는 것을 말합니다. 경제 세계화로 인해 '경쟁'과 '효율성'을 중요하게 생각하는 가치관이 세계 구석구석에 널리 퍼지고 있어요.

옛날에는 세계화가 없었어요?

역사를 보면 한곳에서 만든 물건이 다른 지역으로 옮겨지는 교류는 항상 있었어요. 상인들은 이익을 얻기 위해 보따리에 지역의 특산품을 가득 담아 멀리 가서 팔아 이윤을 얻었으니까요. 고대 중국에서 동서양을 연결하던 비단길도 상인들이 일구어 낸 결실이라고 할 수 있습니다. 그렇다면 언제부터 경제 세계화가 시작된 걸까요?

1700년대 후반, 서양에서 산업 혁명으로 공장에서 대량 생산으로 만들어 낸 제품을 외국에 내다팔면서 경제 세계화가 시작됐다고 할 수 있습니다. 그런데 제2차 세계 대전이 끝나자마자 미국을 대표로 하는 자본주의 국가와 소련을 대표로 하는 공산주의 국가가 서로 대립하면서 세계가 반으로 갈라졌어요. 이때를 '냉전 시대'라고 해요. 냉전 시대 동안에는 자본주의 국가는 자본주의 국가끼리, 공산주의 국가는 공산주의 국가끼리 교역을 했어요.

그러던 것이 1980년대에 들어오면서 공산주의 국가가 도미노처럼 쓰러지고, 미국이 세계 최고의 강대국이 되면서 본격적으로 경제 세계화가 진행됐어요. 이때부터 세계화라는 말이 널리 쓰이기 시작했어요. 세계화가 진행되면서 전 세계의 무역량은 매년 크게 늘어나고 있어요. 각 나라의 기업은 세계 시장에서 살아남기 위해 끝없는 경쟁을 벌이고 있어요. 이제 국가의 경계는 점점 더 희미해지고 있습니다.

세계화의 첫걸음, 비단길

비단길이란 육로 또는 바다를 통해 아시아와 유럽의 문물이 오고간 길을 말합니다. 처음에는 고대 중국의 특산물인 비단(명주)이 로마 제국을 비롯해 서양의 여러 나라로 흘러들었어요. 그래서 비단길이라고 부르고 영어로 실크로드(silk road)라고 하지요. 하지만 시간이 지남에 따라 비단길은 다양한 물품이 오가는 길로 확대되었고, 더 나아가 문화가 흘러다니는 길이 되기도 했습니다.

자유 무역과 세계화

제2차 세계 대전이 끝나고 나서, 세계 각국은 전쟁의 상처를 딛고 새로운 국제 질서를 만들어 가기 위해 노력했어요. 국제 연합과 같은 국제기구를 만들어 세계 평화를 위해 노력했을 뿐만 아니라, 자유 무역의 기틀을 갖추기 위해 여러 제도를 만들기도 했어요.

경제 세계화의 길, 자유 무역

그중 하나가 '관세 및 무역에 관한 일반 협정(GATT)'입니다. 관세 및 무역에 관한 일반 협정이란, 나라와 나라 사이의 자유로운 무역을 가로막는 장벽을 없애기 위한 협정입니다. 세계 각국이 무역을 할 때 물건에 매기는 세금인 '관세'는 물론이고, 수출과 수입을 할 때 까다로운 절차 등을 없애기 위해 만들어졌지요.

이 협정과 더불어 '국제 통화 기금(IMF)'이 자유 무역의 뼈대가 되었어요. 국제 통화 기금은 가맹국이 형편에 따라 돈을 내서 공동의 기금을 만들고, 각국이 이용하도록 하는 국제 금융 기관이에요.

세계 각국이 외화가 필요할 때 쉽게 빌릴 수 있도록 하고, 나아가서는 세계 각국의 경제적 번영을 도모하기 위해 설립되었지요. 관세 및 무역에 관한 일반 협정과 국제 통화 기금이 설립된 이후부터 '자유 무역'과 '경쟁'을 기반으로 하는 시대가 시작됐어요.

세계 여러 나라는 자유 무역을 위한 정책을 마련했어요. 하지만 다른 한편으로는 자기 나라의 이익을 위해 자유 무역의 원칙에 맞지 않는 정책을 펼치기도 해요. 예를 들어, 국산 포도에 비해 값싸고 질이 좋은 포도를 수입하면 국산 포도는 잘 팔리지 않게 돼요. 그러면 포도 생산자의 경제 사

정이 어려워지지요. 그래서 포도를 수입하지 못하게 하거나 수입한 포도의 세금을 높게 매기기도 하지요.

세계 무역 기구의 탄생과 세계화

1995년 1월 1일, 세계 각국의 무역에 관한 문제를 해결하기 위해 '세계 무역 기구(WTO)'가 공식 출범했습니다. 이때부터 세계 무역 기구가 세계의 무역 질서를 관리 감독하게 됐어요. 세계는 경제 규모가 큰 나라든 작은 나라든 똑같은 조건으로 서로 경쟁해야 했지요. 농산물뿐만 아니라 금융업과 보험업을 포함한 서비스 부문에서도 경쟁하게 되었어요. 음악, 영화, 소설 등도 다른 상품과 마찬가지의 대우를 받게 되었지요.

그동안 세계 각국은 다른 나라의 상품을 수입할 때 높은 관세를 매기거나 자기 나라 상품의 세금을 깎아 주는 방식으로 자기 나라의 산업을 보호하는 경우가 많았어요. 하지만 세계 무역 기구가 출범하면서 세계 모든 나라가 하나의 거대한 시장으로 통합되어 나가게 되었습니다.

국가는 더 이상 국제 무역에서 안전한 보호막 역할을 할 수 없게 되었어요. 흔히 말하는 '시장 개방(다른 나라의 상품이 쉽게 수입되도록 제도를 바꾸는 것)'의 압력을 강하게 받게 되었습니다. 우리나라도 예외는 아니었어요. 자동차, 핸드폰 등 우리나라가 잘 만드는 상품을 다른 나라에 쉽게 수출할 수 있게 되었지만, 다른 나라의 값싼 농산물이 수입되는 바람에 우리나라 농업은 심각한 타격을 입었어요.

세계 무역 기구 회의

금융 시장 개방과 세계화

　시장이 하나로 통합되면 상품과 자본이 국경을 넘어 자유롭게 넘나들 수 있습니다. 경제 세계화가 시작된 초기에는 물건을 만드는 공장을 임금이 값싼 나라로 옮기는 경우가 많았어요. 그렇게 하면 생산 비용이 줄어들어 물건을 팔 때 이익이 더 많이 나니까요. 또한 노동자들도 임금이 비싼 나라로 이동했어요. 우리나라에 있는 외국인 근로자 역시 높은 임금을 받기 위해 이주한 경우이지요.

　특히 경제 세계화의 흐름은 금융 시장에서 두드러지게 나타났습니다. '돈'이 이익을 쫓아 국경을 넘나들었어요. 주식 시장이 개방되고, 해외 투자도 자유로워지면서 돈이 전 세계를 돌고 돌게 되었습니다. 금융의 세계화는 다른 나라에서 투자받은 돈으로 우리나라 경제를 발전시킬 수 있는 긍정적 측면도 있어요. 그렇지만 많은 돈을 손쉽게 벌려는 금융 자본가들이 금융 시장을 혼란에 빠뜨리는 부작용이 발생하기도 한답니다.

외국 금융 자본가의 영향을 받는 우리나라 주식 거래소

지역 경제 협력체를 왜 맺을까요?

세계 무역 기구의 출범으로 나라와 나라 사이의 자유 무역은 '무한 경쟁'의 시대로 들어섰습니다. 그렇지만 모든 나라가 자유 무역을 통해 경제 성장을 할 수 있는 것은 아니에요. 경쟁력이 없으면 경제 성장을 이룰 수 없으니까요.

경쟁에서 살아남기 힘들다고 느낀 나라들은 다른 나라와 지역 경제 협력체를 구성하기도 해요. 보통 지역적으로 가까운 나라들이 서로 뭉치는 경우가 많아요. 이웃 나라와 경제적으로 서로 연결되어 있는 분야가 많으니까 힘을 합쳐 다른 나라와의 경쟁에서 이기려는 거예요.

이처럼 세계는 같은 대륙의 나라끼리, 또는 대륙 간 협력 체제를 강화하고 있어요. 지역 경제 협력체를 맺은 나라끼리는 서로 협력하면서 치열한 국제 경쟁에 대비하고 있어요. 이런 흐름을 지역주의라고 해요.

전 세계에는 크고 작은 10여 개의 지역 경제 협력체가 있어요. 27개국이 참여한 유럽 연합(EU), 우리나라를 비롯해 아시아·태평양 21개국이 참여한 아시아·태평양 경제 협력체(APEC), 미국·캐나다·멕시코가 참여한 북아메리카 자유 무역 협정(NAFTA) 등이 대표적인 지역 경제 협력체예요.

세계화로 인해 나라와 나라 사이의 경쟁이 치열해지면서 지역 경제 협력체를 만드는 경우가 이렇게 많아지고 있어요.

유럽 연합 사람들끼리는 유로라는 화폐를 함께 써.

미국과 캐나다, 멕시코는 북아메리카 자유 무역 협정을 체결했어.

아시아와 태평양에 있는 나라들은 아시아·태평양 경제 협력체를 만들어서 경제 협력을 하고 있어.

세계 각국은 지역 경제 협력체를 만들어 회원국끼리, 다른 나라와의 경쟁에서 이기려고 노력한단다.

유럽의 공동 화폐, 유로

유로는 유럽 연합 회원국 가운데 프랑스와 독일을 비롯해 17개국에서 사용하고 있어요. 같은 돈을 쓰는 유럽 연합은 커다란 하나의 나라라고 할 수 있지요. 유럽 연합은 1992년에 탄생했어요. 처음에는 12개국이었지만 2000년대에는 대부분의 동유럽 국가까지 가입함으로써 27개국으로 늘어났어요.

세계 금융 위기가 뭐예요?

1998년에 전 세계가 금융 위기로 몸살을 앓았습니다. 금융 위기는 금융에서 비롯된 경제 위기를 말해요. 동남아시아에서 시작된 금융 위기가 다른 대륙으로까지 퍼졌습니다.

출발지는 태국이었어요. 1997년 태국의 금융 기관에 투자한 외국의 금융 자본이 대규모로 돈을 빼가면서 태국은 금융 위기를 맞았어요. 1997년 여름부터는 인도네시아, 필리핀 등 동남아시아의 국가들이 금융 위기를 맞았어요. 이들 나라에 빌려 준 돈을 받지 못해 우리나라도 급격한 외환 부족의 위기를 맞게 되었어요.

금융 위기의 불똥은 러시아와 라틴아메리카까지 튀었어요. 은행 이자가 엄청나게 치솟는 등 위기에 몰린 러시아는 모라토리엄(빚을 갚을 능력이 없어졌을 때 법령에 의해 일정 기간 동안 채무의 이행을 연장시키는 일)을 선언했어요. 기업이 빚을 갚지 못하면 '부도가 났다'고 하는데, 러시아는 국가가 부도난 거예요. 이어서 브라질도 국제 통화 기금에 구제 금융을 신청하는 지경에 이르렀습니다.

1998년 세계 금융 위기는 '금융의 세계화'에서 비롯되었다고 주장하는 학자가 많아요. 이후 세계화에 대한 찬성과 반대의 주장이 대립하게 됩니다. 세계 대부분의 나라는 거미줄처럼 엮어 있어요. 그래서 한 나라의 문제는 곧 전 세계의 문제로 도미노처럼 퍼져 나가기도 한답니다.

국제 통화 기금의 구제 금융이 뭐예요?

1997년 11월 21일, 우리나라 정부는 국제 통화 기금(IMF)에 구제 금융을 신청한다고 발표했어요. 구제 금융은 기업이나 나라가 파산하는 것을 막으려고 국제 통화 기금에서 정책적으로 지원하는 돈이에요.

당시 우리나라에서 외국에 갚아야 할 돈은 1500억 달러가 넘었는데, 우리나라가 가지고 있는 외국 돈은 40억 달러에도 못 미쳐서 나라가 파산 직전이었거든요. 이른바 '외환 위기'가 닥친 것이지요. 외환 위기가 오기 불과 1년 전에 선진국만 들어갈 수 있는 '경제 개발 협력 기구(OECD)'에 가입한 우리나라에 왜 이런 일이 생긴 것일까요?

1990년대 들어 우리 정부는 세계화를 목표로 경제 개발이 한창이었어요. 일부 기업은 금융 기관에서 무리하게 돈을 빌려 사업을 확장했지요. 금융 기관도 돈을 갚을 능력이 있는지 살피지 않고 기업에 돈을 빌려 주었어요. 결국 빚을 갚지 못한 기업들이 무너지면서 나라가 혼란에 빠지기 시작했어요. 무역 적자와 외환 부족이 이어졌지요.

국제 통화 기금은 우리나라 정부에 580억 달러의 구제 금융을 지원해 주었어요. 그 대신 정부의 예산을 줄이고, 은행의 이자를 높이라고 요구했어요. 또한 은행과 기업의 개혁과 강도 높은 구조 조정(한 나라 산업의 전체적인 뼈대가 변화하는 일)을 요구했지요. 이 과정에서 수많은 실업자가 생기고, 비정규직 노동자가 증가하고, 빈부 격차가 심해졌지요.

국민들도 금을 내다 팔아 부족한 외화를 확보하기 위해 '금 모으기 운동' 등을 벌였지요. 결국 2000년 8월에 국제 통화 기금으로부터 빌린 돈을 모두 갚을 수 있었어요. 이 과정을 통해 우리나라 경제는 큰 변화를 겪게 됩니다.

금 모으기 운동

세계화의 빛과 그림자

1999년에 미국의 시애틀에서는 세계 무역 기구(WTO) 회의가 열렸어요. 그런데 행사장 밖에는 전 세계에서 몰려든 사람들이 도로를 점거하고 격렬한 시위를 벌였어요.

이들은 세계 무역 기구가 주도하는 세계화를 반대하는 시위를 벌이고 있었어요. 그때까지 대부분의 사람들은 세계화가 되면 모든 사람에게 이득이 될 거라고 생각했답니다.

세계화의 빛

세계화를 찬성하는 사람들은 세계화가 세계 모든 나라의 경제를 발전시킬 거라고 생각해요. 소비자는 더 싸고 좋은 상품을 살 수 있게 되고, 기업은 더 많은 나라에 상품을 팔 수 있다고 믿었기 때문이에요. 기업들은 다른 기업과 경쟁에서 이기려고 기술을 개발하고, 더 좋은 기업을 만들려고 노력을 하게 될 테니까요. 그러면 나라 경제에도 도움이 될 수 있다고 생각했어요.

또한 세계화는 자유 민주주의를 확대하여 인권을 침해하는 독재 국가 대신 민주주의를 발전시킬 수 있다고 주장해요. 또한 한 국가의 힘만으로는 해결하지 못하는 환경 보호, 난민 보호, 인권 문제 등을 여러 나라가 힘을 모아 해결할 수 있을 것이라고 생각해요.

세계화 등을 통해 문화적으로도 발전할 수 있다고 생각해요. 나라와 나라 사이에 다양한 문화가 교류되면서 다른 나라의 문화를 우리나라에서 즐길 수 있을 뿐만 아니라 우리나라의 문화도 세계에 널리 알릴 수 있기 때문이에요.

세계화의 그림자

세계화에 반대하는 사람들은 세계화는 경쟁에서 이긴 소수의 다국적 기업과 금융 자본가에게만 막대한 이익을 가져다줄 뿐이고, 세계의 수많은 노동자와 가난한 사람은 점점 가난해질 수밖에 없다고 주장하지요. 경쟁에서 이긴 기업과 노동자만이 살아남을 수 있기 때문입니다. 또한 나라와 나라가 경제적으로 서로 의존하게 되면서 다른 나라에서 발생한 경제 위기는 국내 경제에 곧바로 영향을 끼치게 됩니다.

세계화는 강대국이 힘이 없는 약소국에 정치적 간섭을 하여 약소국의 자율성을 침해할 수 있어요. 강대국이 인권과 평화 문제, 민주주의의 기준 등을 내세우며 약소국의 정치에 간섭하기도 하지요. 또한 핵, 전쟁, 테러, 질병, 기아, 환경 문제 등을 여러 나라가 협의하여 해결하고자 할 때 강대국에게 유리한 방향으로 해결되는 경우도 많아요.

다른 나라의 문화를 무분별하게 수입하게 되면 자기 나라의 전통문화에 대한 관심이 부족해지고 또 전통문화를 즐기지 않게 되지요. 이뿐만 아니라 전 세계 사람이 같은 음악을 듣

세계화 반대 시위

고, 같은 옷을 입고, 같은 영화을 보고, 같은 책을 읽게 되면 문화의 다양성이 사라질 수도 있어요.

나라와 나라 사이에 이동이 자유로워지면서 민족과 인종, 종교와 문화가 다른 사람들이 어울려 살게 되었어요. 우리나라도 세계 여러 나라에서 들어온 사람들이 많지요. 이에 따라 세계 여러 곳에서 서로 다른 문화와 전통 때문에 갈등을 빚는 경우도 많아졌지요.

중국에 있는 미국의 휴대 전화 공장

기업은 임금이 싼 곳을 찾아다니며 공장을 짓는대.

 세계를 무대로 활동하는 다국적 기업

세계화 시대에 기업들은 국경을 넘어 활발하게 활동하고 있어요. 이런 기업을 다국적 기업이라고 해요. 다국적 기업은 더 많은 이익을 내기 위해 두 개 이상의 국가에 걸쳐 자회사(큰 회사의 지배를 받는 회사), 영업 지점, 생산 공장 등을 두고 전 세계적으로 생산과 판매 활동을 하는 기업을 말해요. 다국적 기업은 미국과 영국, 일본 등 선진국의 기업이 많았지만 지금은 중국과 인도 등 개발 도상국의 기업들도 많아졌어요. 우리나라의 삼성 전자, 현대 자동차 같은 회사도 다국적 기업이랍니다.

세계화는 우리 곁에 있어요

　2011년, 우리나라는 미국과 자유 무역 협정(FTA)를 체결했어요. 자유 무역 협정(FTA: Free Trade Agreement)은 교역을 늘리기 위해 상품·서비스·투자·지적 재산권 등에서 '관세 및 비관세 장벽'을 낮추는 약속을 말해요. 무역 장벽을 없애는 협정이라고 할 수 있어요.
　자유 무역 협정을 찬성하는 사람들은 자유 무역을 통해 산업이 발전한 나라든 그렇지 못한 나라든 모두 이익을 본다고 생각해요. 관세 등의 각종 장애물로 막혀 있던 국가 간의 교역이 활성화되면 수출이 늘어날 것이고 그러면 소비자들은 더 다양한 물품을 싸게 살 수 있으니까요. 예를 들어, 한미 자유 무역 협정의 체결로 우리나라의 주요 수출품인 자동차, 텔레비전, 섬유, 신발 등의 관세가 없어져 수출이 크게 늘어나리라 예상하고 있어요. 또한 기업의 경쟁력이 높아져 우리나라가 선진국으로 올라설 수 있다고 해요. 그러나 자유 무역 협정으로 모든 나라와 모든 사람이 이익을 보지는 않아요. 그래서 자유 무역 협정을 체결하는 나라들은 자기 나라에 유리하도록 협상을 진행하지요.
　오늘날 세계화는 돌이킬 수 없는 흐름이에요. 국민과 기업, 정부도 경쟁력을 키워서 세계화에 대비해야 해요. 기업은 새로운 제품을 개발하고, 질 좋고 싼 제품을 만들려고 노력해야 해요. 이를 위해 국제적인 법규를 지키고, 경영자들도 기업의 상태를 누구나 알 수 있도록 투명하게 경영해야 하지요. 노동자들도 경쟁에서 뒤쳐지지 않도록 계속 노력해야 하고요. 정부에서도 국민과 기업이 경쟁력을 갖출 수 있도록 다양한 정책을 실시해야 해요. 세계화의 흐름에서 뒤처지거나 피해를 보고 있는 부문이 있다면 이것 또한 세심하게 신경 써야 하겠지요.

우리나라와 자유 무역 협정을 체결한 나라들

우리나라는 1998년부터 자유 무역 협정 체결을 추진하기 시작했어요. 그 결과 2004년에 칠레, 2006년에 싱가포르, 2007년에 동남아시아 국가 연합과 자유 무역 협정을 맺었어요. 한미 자유 무역 협정은 2007년 6월에 서명한 뒤, 2011년에 국회를 통과했어요. 또 중국, 일본, 호주와도 자유 무역 협정을 추진 중이에요.

세계의 주요 지역 경제 협력체

세계 여러 나라는 가까운 지역에 있는 나라와 지역 경제 협력체를 만들어 세계화에 대처하고 있어요. 세계의 주요 지역 경제 협력체를 알아보아요.

남동 유럽 협력 프로세스(SEECP)
- 설립: 1996년
- 회원국: 불가리아 등 남동 유럽 12개국

유럽 연합(EU)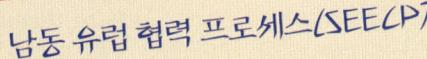
- 설립: 1992년
- 회원국: 프랑스, 독일 등 유럽 27개국

걸프 협력 회의(GCC)
- 설립: 1981년
- 회원국: 페르시아 만 연안 6개국

지중해 연합(UFM)
- 설립: 2008년
- 회원국: 프랑스 등 유럽·아프리카·서남아시아 43개국

남아시아 지역 협력 연합(SAARC)
- 설립: 1985년
- 회원국: 네팔 등 남아시아 8개국

세계 여러 나라는 서로 경쟁하고 협력하면서 세계화에 대비하고 있어요.

북아메리카 자유 무역 협정(NAFTA)
설립 : 1992년
회원국 : 미국, 캐나다, 멕시코

아시아 · 태평양 경제 협력체(APEC)
설립 : 1989년
회원국 : 미국, 대한민국 등 아시아 · 태평양 21개국

동남아시아 국가 연합(ASEAN)
설립 : 1967년
회원국 : 동남아시아 10개국

남아메리카 공동 시장 (MERCOSUR)
설립 : 1991년
회원국 : 아르헨티나 등 남아메리카 5개국

남아메리카 국가 연합 (UNASUR)
설립 : 2008년
회원국 : 브라질 등 남아메리카 12개국

사진 출처

국립중앙박물관, 국토지리정보원, 독도박물관, 영남대학교 독도연구소, 독도전문연구센터, 독립기념관, 동북아역사재단, 연합뉴스, 한국학중앙연구원, 해양경찰청, AP통신, dreamstime, ShutterStock, Wikimedia Commons(Al-Furqān Media, Alpsdake, Bart0278, Bertil Videt, DFID - UK Department for International evelopment, Discott at en.wikipedia, Eunyoung seung, F1jmm, Hamid Mir, International Court of Justice; originally uploaded by Yeu Ninje at en.wikipedia, kevsunblush, Lover of Romance, Luca Galuzzi (Lucag), Maj. R.V. Spencer, UAF Navy), U.S. Army Korea - Installation Management Command,, Islamic State, me Bamse, Michael üker, Mike Baird from Morro Bay USA, Original uploader was Straitgate at n.wikipedia, Oxfam East Africa, Petty Officer 1st Class Chris Fahey (U.S. Armed orces), PHCM Terry Mitchell, Sungwon Baik / VOA, T.Goto,TECH. SGT. Scott tewart, U.S. Air Force, TSGT Renee' Sitler, Tsui, U.S. Air Force/Staff Sgt. Brian chlumbohm, Original uploader was PRODUCER at en.wikipedia, U.S. Defense epartment, USAF (photo 306-PS-51(10303)), User:Strobilomyces, White House hoto ffice, photo by Schumaker, Byron E., World Trade Organization from Switzerland)

- 이 책에 실린 사진은 저작권자의 허락을 받아 게재한 것입니다.
- 저작권자를 찾지 못해 게재 허락을 받지 못한 일부 사진은 저작권자가 확인되는 대로 게재 허락을 받고 통상 기준에 따라 사용료를 지불하겠습니다.

찾아보기

ㄱ
간도 · 38
간도 협약 · 38
강서대묘 · 48
걸프 전쟁 · 114
걸프 협력 회의 · 180
고구려 · 38
고종 · 59
관세 및 무역에 관한 일반 협정 · 164
광개토 대왕 · 41
9·11 테러 · 100, 106
구제 금융 · 172
국경 없는 의사회 · 154
국제기구 · 154
국제 사법 재판소 · 17
국제 연합 평화 유지군 · 154
국제 연합 난민 기구 · 155
국제 원자력 기구 · 89
국제 적십자사 연맹 · 155
국제 통화 기금 · 164
김정은 · 87

ㄴ
나가사키 · 62
남동 유럽 협력 프로세스 · 180
남북 정상 회담 · 95
남북통일 · 92
남북한 사이의 화해와 불가침 및 교류 협력에 관한 합의서 · 94
남아메리카 공동 시장 · 181
남아메리카 국가 연합 · 181
남아시아 지역 협력 연합 · 180

ㄷ
다국적 기업 · 177
다케시마의 날 · 16
달라이 라마 · 123
덕흥리 고분 · 49
독도 · 12, 14, 23, 25
독도 경비대 · 29
독도 의용 수비대 · 28
독일 · 76
동국대지도 · 33
동남아시아 국가 연합 · 181
동도 · 12, 14
동독 · 76
동북공정 · 36
동티모르 · 124
동해 · 31

ㄹ
르완다 · 146
르완다 대학살 · 148
리앙쿠르 섬 · 25

ㅁ
명성 황후 · 58
모라토리엄 · 170
무용총 · 49
미국 · 110
밀로셰비치 · 137

ㅂ
발칸 반도 · 130
발해 · 42
발해고 · 43
배타적 경제 수역 · 22
백두산정계비 · 38
베트남 · 77
보스니아 내전 · 132
부여 · 42
북아메리카 자유 무역 협정 · 181
북아일랜드 · 138
북위 38도선 · 81
북한 · 86
분단국가 · 74
비단길 · 163

ㅅ
삼국접양지도 · 33
삼형제굴바위 · 15
새터민 · 91
샌프란시스코 강화 조약 · 20
서도 · 12, 14
서독 · 76
서사하라 독립운동 · 152
서해안 북방 한계선 · 84
세계 금융 위기 · 170
세계 무역 기구 · 166
세계의 화약고 · 130
세계화 · 160
세종실록 지리지 · 20, 24
소말리아 · 142
소말리아 해적 · 145
수단 · 153
수요 집회 · 69
스레브레니차의 학살 · 133
신미양요 · 82

ㅇ

아시아·태평양 경제 협력체 · 181
아이에스(IS, 이슬람국가) · 116
아일랜드 공화국군 · 139
아자드카슈미르 · 120
아프가니스탄 · 110
안악 3호분 · 49
안용복 · 28
야스쿠니 신사 · 56
얼굴바위 · 15
영국 · 138
연합국 최고 사령부 관할 지도 · 21
예루살렘 · 105
옌볜 조선족 자치구 · 39
오사마 빈라덴 · 109
오회분 · 49
우산국 · 24
원자 폭탄 · 63
월스트리트 시위 · 158
위구르 족의 독립운동 · 127
유네스코 세계 유산 · 44
유럽 연합 · 180
유로 · 169
6·25 전쟁 · 80
을미사변 · 58
을사오적 · 60
을사조약 · 60
이라크 · 112
이란·이라크 분쟁 · 126
이산가족 · 92
이스라엘 · 102
이슬람교 · 115
이완용 · 61
인도 · 120
인종 청소 · 133
인티파다 · 104
일본 · 52
일본군 위안부 · 66, 68
일본전도 · 32
일본해 · 31
일제 강점기 · 54

ㅈ

자위대 · 64
자유 무역 · 164
자유 무역 협정 · 178
잠무카슈미르 · 120
장수왕 · 40
적신월사 · 155
조선 건국 준비 위원회 · 79
조선왕국전도 · 32
조어도 분쟁 · 127
중국 · 38
중동 전쟁 · 104
지역 경제 협력체 · 168
지중해 연합 · 180

ㅊ

체첸 독립운동 · 153
촛대바위 · 15
칙령 제41호 · 24
친일파 · 61
7·4 남북 공동 성명 · 94

ㅋ

카슈미르 지역 · 120
칼리프 · 118
코소보 내전 · 134
콩고 민주 공화국 내전 · 152
쿠르드 족의 독립운동 · 126
키프로스 · 153

ㅌ

타밀 족의 독립운동 · 127
탈레반 · 110
탕건봉 · 14
테러 · 100
테러와의 전쟁 · 108
티베트 · 122

ㅍ

파키스탄 · 120
팔레스타인 · 102
팔레스타인 해방 기구 · 104

ㅎ

한국 국제 협력단 · 155
한반도바위 · 15
한일 협정 · 30
핵무기 · 88
핵 확산 금지 조약 · 89
휴전 협정 · 74
휴전선 · 81